KB213154

역사가 지폐를 만날 때

역사가
지폐를
만날때

유럽·아프리카

모지현 지음

드레북스

역사가
지폐를
만날때

1쇄 발행 2025년 4월 25일

지은이 모지현
펴낸이 조일동
펴낸곳 드레북스

출판등록 제2025-000023호
주소 서울시 은평구 통일로 630 래미안 베리힐즈 203동 1102호
전화 02-356-0554 **팩스** 02-356-0552
이메일 drebooks@naver.com
인스타그램 @drebooks

인쇄 (주)프린탑
배본 최강물류

ISBN 979-11-93946-36-7 03900

지폐 도안 속 인물로 읽는 교양 세계사

"한 국가의 문화와 전통, 기술력의 총체적 결정체."

"각 나라의 역사와 경제력이 집약된, 말이 없는 외교관."

'돈'을 정의한 글귀 중에 지폐가 이렇게까지 거창하게 표현될 수 있나 싶다. 돈은 그것으로 소유할 수 있는 무언가, 쓰이는 곳의 가치, 그를 통해 느끼는 만족 또는 상대적 박탈감 같은, 그런 '어떤 것'과 '상태'를 위해 지불되어야 하는 '대가'이니 당연하다.

그렇지만 지폐 그 자체만을 놓고 곱씹어보면 정말 옹골진 표현이라 수긍이 가는 것은 나만의 시각일까? 한 국가경제의 진수인 만큼 가짜가 통용되면 안 되니 지폐에는 '위폐'를 막기 위한 최첨단의 기술력이 반영되었을 것이다. 자국 화폐가 세계 기준 화폐와 교환되는 비율은 한 국가 경제력의 가늠자가 될 수도 있다. 지폐를 사용하는 내국인뿐 아니라 외국인에게 국가의 전통이나 역사가 알려지는 셈이니 '외교관'이라는 표현 역시 과장이 아닌 듯하다. 특히 지폐의 도안과 관련되어 그러한데, 국민 모두 노상 사용하니 지폐 도안은 국민적 합의를 거친 것이어야 하고, 이는 대개 그 국가의 문화나 역사를 반영하고 있기 마련이다. 특히 인물의 초상인 경우가 많고 그가 주로 그 나라 역사에서 한 획을 그은 인물이곤 하는 까닭이다.

더 나아가 지폐 도안의 변천 그 자체 역시 국가적인 역사 흐름을 담고 있기도 하다. 예를 들면 인도네시아의 독재자 수하르토는 지폐 도안에 올랐다가 축출되기도 했고, 여성 모델이 등장했던 지폐가 25일 만에 유통 정지된 한국은 5만 원권 인물로 신사임당을 선택했다. 게릴라로 여겨졌던 체 게바라가 쿠바 지폐의 초상이 되었고, 유럽 연합 이전 수많은 유럽 국가는 도안을 국왕이나 정치 지도자에서 작가, 음악가, 과학자 등 문화를 이끈 인물 초상으로 변경하기도 했다. 지정된 뒤 거의 변화가 없는 미국 지폐 도안은 달러의 경제력에서 원인이 찾아지기도 한다.

이런 까닭에 지폐는 여러 면에서 한 국가를 대표하는 얼굴이며 역사가 담긴 그릇이라 할 수 있다. 지폐 도안 속의 인물과 그 흔적들을 통해 세계 역사를 살펴보고자 한 이 작업에 욕심이 부려진 까닭이다. 분명 고단할 것은 명약관화하나 보람은 그보다 더욱 클 것이라 기대되었다고나 할까.

'현금' 사용이 점점 줄고 있다는 점 역시 지폐를 통해 역사를 바라보려 하는 또 다른 동기다. 표면적으로 드러나지는 않지만, 일명 '현금과의 전쟁'이라 불릴 만한 일들은 이미 전 세계적으로 보편화되고 있다. 이는 현금 폐지에 초점을 맞춘 활동으로 현금 결제 인프라를 서서히 무너뜨리고 그로써 막대한 이익을 얻고 있는 기업 같은 집단들의 움직임을 보면 알 수 있다. 현금으로 결제하는 사람에게는 억제책을 적용하는 대신, 전자결제 수단을 이용하는 사람들에게 혜택을 제공하면서 이들에게 '편리함'과 '앞섬'으로 그들의 행위를 꾸준히 긍정적으로 피드백해주는 것이다. 그 결과 '현금', 지폐나 동전은 우리가 의식하지 못하는 사이 꾸준히 지갑 속에서 자취를 감추는 중이다.

물론 현금이 없는 사회는 편할 수 있다. 운반, 보관 등 불편함이라는 현금의 단점들은 분명 존재하니 말이다. 그러나 그런 사회를 추구하는 가장 강력한 목소리를 내는 집단의 실체와 그들이 진실로 추구하는 것, 그리고 그런 현금 없는 사회를 향한 실험 대상이 선진적인 사회가 아닌 대개 개발도상국이나 빈민국이 많은 아프리카와 남서 아시아였다는 점은 그런 사회로의 변화가 여러모로 상당히 고민할 만한 문제라는 것을 알려주기도 한다.

개인적으로는 '현금'으로서 지폐가 존재했으면 하는 바람이다. 물론 개인정보에 대한 권력의 통제나 은행 등 재정 시스템의 독재적 결정에 맞설 수 있는 개개인의 힘으로서, 혹은 적어도 마이너스 금리를 막을 수 있는 수단으로서 그랬으면 한다. 디지털 문맹들을 소외시키는 시스템상의 문제 등등 여러 정치 사회 경제적 비판 때문이기도 하다.

하지만 역사가로서 인문학적으로 보아, 지폐에 그 나라의 역사에서 기억해야 할 인물 등이 들어가는 이유를 생각해볼 때 현금으로서 지폐를 보기 어려워지는 것이 아쉽다. '돈을 어떤 마음으로 써야 할지 보여주기 때문'이 '현금의 존재'를 바라는 가장 큰 이유라고 한다면, 낭만을 넘어 해망쩍게 보일까?

지폐 속의 인물치고 개인의 영달만을 위해 산 사람, 남을 희생시키고 자신만 우뚝 선 사람, 조국을 팔고 자신의 이익을 추구한 사람은 거의 없다. 그랬던 인물이 때로 자신의 욕심으로 지폐 위에 앉았을지라도 언젠가는 내려와야 했고 그 결과는 부끄러움으로 남곤 했다. 건국이나 조국의 독립을 위해 자신을 희생했거나, 정치, 사회, 문화적 발전에 탁월한 흔적을 남겼다고 공통으로 인정받아 적어도 그 나라의 국민이라면 기억해야 할 그런 인물들. 지폐에는 왜 그런 인물이 새겨지고, 혹 공감을 잃으면 교체하는 길 위의 걸음은 왜 그렇게 빠를까?

세상에서 돈보다 소중한 것은 많지만, 그래도 돈만 한 것이 없다고들 한다. 우스갯소리로 돈으로 살 수 없는 것이 있다면 돈이 모자란 것은 아닌지 살펴보라는 말도 있을 정도다. 이 세상의 그 무엇보다 유용한 것으로 평가되고, 사람마저도 그에 따라 가치가 매겨져, 돈을 벌 수 있다면 뭐라도 한다는 마음에 쉽게 돌을 던질 수 없는, 그런 시대상을 대변하는 표현일 것이다.

그러니 지폐 속의 귀한 인물들을 보며 적어도 지폐를 사용할 때만큼은 그의 마음을, 고귀한 정신을, 역사를, 사상을 떠올리면서 '정승'처럼은 아닐지라도 써야 할 곳에 바르게 쓰고 싶다는 마음을 한 번쯤은 가지면 좋지 않을까? 지폐 도안이 된 세계 인물들과 그들을 통한 역사를 다루어보고자 마음먹은 또 하나의 힘은 이런 바람이 시작이었다. 꼭 필요한 것으로 우리 주변에 항상 함께해 공동체의 정신을, 역사를 기억해나가고 알릴 수 있다는 의미에서 역시 '현금'으로서의 지폐가 계속 존재했으면 하는 마음과 함께 말이다.

언제나 그렇듯 이번에도 역시나 많이 부족했던 작업이다. 인물이나 약간의 흔적들만으로 국가 역사 전체를 다 어우를 수 없으니 다루는 부분에 한계가 있을 수밖에 없음도, 그런 제한 속에서 그들의 가치만큼 맑고 정결하게 담아내고 싶은 의욕에 비하면 턱없이 모자란 나의 능력이 미안하다.

그럼에도 이 시간을 통해 각자의 역사를 지켜내려 한 인물들의 눈물과 기쁨을 함께 맛보고 그것이 그 나라에는 어떤 의미가 되었는지 느끼면서, 그들과 이전보다는 조금이라도 더 가까워졌다고 책을 덮을 때 웃을 수 있다면 좋겠다. 그래서 언젠가 결국 그 국가에 발을 딛거나, 어떤 장에서든 그 나라 사람과 만났을 때, 조금은 더 교감과 이해를 나눌 수 있는, 그리하여 각자의 세계가 더욱 풍성하게, 깊게, 넓게 열릴 수 있는, 작지만 의미 있는 계기가 될 수 있으면 한다.

차례

1

유로화의 탄생, 유럽의 재탄생

2001년 12월 31일 자정을 앞둔 시간이었다. 독일 프랑크푸르트의 유럽 중앙은행 본부 앞 유로화 기념 조각상 주변에는 1만 명이 모여 있었다. 유럽 역사상 기념비적인 순간, 유럽 법정 통화가 탄생하면서 2002년이 시작되었다. 폭죽이 터졌고 축하 연설이 이어졌다. 유로 지폐 수십억 장이 발행되고 ATM 수만 대가 교체되었다. 4천 제곱킬로미터가 넘는 면적에 1인당 GDP가 3만6천 달러를 웃도는 5억 이상의 인구가 로마제국 이후 최초로 동일 은행권을 사용하는, 거대한 지역의 탄생이었다.

두 달 뒤 프랑스의 프랑과 독일의 마르크, 그리스 드라크마, 이탈리아 리라, 에스파냐의 페세타 등이 더는 사용되지 않았다. 물론 이들은 유럽 전체 국가가 아닌 19개 국가 중 일부이기는 했다. 브렉시트를 단행한 영국, 북유럽의 노르웨이, 스웨덴, 덴마크, 아이슬란드와 중립국 스위스, 흔히 동유럽으로 불리는 러시아와 폴란드, 중유럽 헝가리, 체코 등 자국 화폐를 사용하는 유럽 국가 역시 여전히 존재한다. 그러나 유럽이 유로로 상징적이나마 하나로 연결되고 경제적으로 묶였다는 사실은 부인할 수 없었다.

면 재질로 된 유로 지폐는 5유로, 10유로, 20유로, 50유로, 100 유로, 200유로 등 6권이고, 색상도 권종별로 회색, 적색, 청색, 주황색, 녹색, 황색으로 다양하다. 본래 500유로권도 있었지만, 고액권이 주로 불법적인 의도로 사용된다는 점을 고려해 2019년 5월 이후 신규 발행을 중단했다. 앞면에는 유럽의 시대별 건축양식, 즉 클래식, 로마네스크, 고딕, 르네상스, 바로크 로코코, 철과 유리 양식을 대표하는 문을 도안으로 사용했고, 뒷면에는 각각 시대별 특징을 지닌 다리와 유럽 지도가 들어 있다. 특정 국가의 색채를 초월해 유럽을 포용하며 잇고 싶은 마음이 드러난다고 할까.

그러다 추상적이고 인간미가 느껴지지 않는다는 비판이 대두하면서 2013년부터 발행한 시리즈는 투명창에 인물의 초상을 삽입했다. 지폐 도안에 들어가는 초상이라면 응당히 가져야 할 자격이 그렇듯 유로화를 사용하는 국가들 모두 그 인물에 저항 없는, 반면에 유로존 외부에는 그 누구보다 유럽의 정체성을 드러낼 인물이 도안의 주인공이 되었다. 누구인지 상상할 수 있겠는가?

그랬다. 바로 그리스신화 속의 인물인 유로파(에우로페) 공주였다. 새로운 유로화가 '유로파 시리즈'라 불린 이유다. 왜 유로파일까? 유로파는 라틴어 에우로파의 영어식 발음이다. 그리스로마신화 속의 페니키아 공주였다. 꽃을 따는 그녀의 모습에 반한 제우스가 황소로 변해 납치했고, 크레타섬으로 데리고 간 뒤 다른 제우스 서사와 마찬가지로 자식을 낳게 했다. 이후 유로파는 떠난 제우스 대신 크레타의 왕 아스테리오스의 아내가 된다. 그리스신화는 '유럽'이라는 명칭이 그녀의 이름에서 비롯한 것이라고 전한다. 황소가 그녀를 데리고 다닌 모든 곳이 유럽이라는 설인데, 다수 유럽 국가에서 발행하는 장기 체류증의 홀로그램이 황소 모양이 된 속사정이기도 하다.

사실 유럽이라는 지명이 먼저 있었고 신화 속의 인물 유로파가 이를 따랐을 가능성이 매우 크다. 그럼에도 신화의 내용은 당시 지중해 동부 페니키아 등지에서 발달한 고대 문명이 에게해로 넘어왔고, 그리스 최초이자 유럽에서 처음(이에 대해서는 의견이 분분하지만 대략 청동기시대)으로 기원전 3천 년경 크레타섬에서 나타난 크레타문명(미노아문명)으로 이어졌음을 추측하게 해준다.

기원전 15세기경 크레타문명이 미케네인에게 침공당하면서 문명의 중심은 그리스 본토 남부로 북상한다. 미케네문명이라 불리는 이 문명은 기원전 17세기부터 바다 민족의 침략 직전인 기원전 12세기까지 그리스 남부에서 번성했다. 호메로스의 《일리아스》에 따르면 비슷한 시기에 소아시아반도 서북방의 강력한 도시국가 트로이와 적대관계였고, 전쟁에서 결국 승리했다는 전설 같은 서사로 남은 그 유명한 문명이다.

지폐 속 세계사의 여정을 시작하는 곳이 어디일지 짐작하는가? 그렇다. 유로화 초상의 주인공인 유로파를 낳은 신화의 모국, 바로 지중해 동부 발칸반도의 국가, 그리스다. 지금은 과거가 되었지만, 그 도안 자체로 역사일 수 있었던 그리스의 지폐 드라크마가 유럽 역사를 톺아보는 시작이다.

잃어버린 드라크마

그리스

2009년 10월, 신임 그리스 총리는 전 정권이 국가 차입과 지출 규모에 대해 엄청난 거짓말을 해왔다고 폭로했다. 본래 발표된 재정 적자는 3.7퍼센트로, 실은 12퍼센트 이상이었다. 갑자기 그리스에 돈을 빌려주는 것이 독일에 대한 그것과 같지 않았다. 경제 위기가 본격화된 그리스는 유럽연합에 구제 금융을 요청했다. 독일의 유력 일간지 《빌트》는 독일 국회의원의 제안을 다른 표현으로 바꿔 인용했다.

"파산한 그리스인이여, 섬을 팔아라! 그대들의 아크로폴리스도 팔아라!"

그래도 남은 역사와 자부심

그리스의 재정 위기는 경제적인 요인에서 비롯되었다고 한다. 경제가 견실하지 못했음에도 2001년 유로존에 서둘러 가입하면서 환율 조정 기능을 상실했고 경상수지 적자도 심해졌다. 그런 와중에 주변 유럽연합 국가들의 수준에 맞춰 사회복지를 확대하는 등 재정지출을 늘렸기 때문이라는 것이다. 하지만 그와 함께 주목받은 것은 그리스의 뿌리 깊은 문제들이었다. 정치권에 만연한 포퓰리즘과 사회 전반에 걸쳐 뿌리 깊은 부정부패, 심한 탈세가 그것이다.

그리스의 정부 조직은 비대했고, 하는 일도 거의 없는 엄청난 수의 공무원들은 너무 많은 돈을 받아 갔다. 2010년 즈음 아테네 북서쪽 호수의 배수를 관리하는 직원 수는 부서장에게 딸린 정규직 운전기사를 포함해 30명이었는데, 이는 호수의 물을 1957년에 다 빼버렸다는 것을 고려하지 않아야 합리적인 규모였다. 간단히 말해 독일에서 빌린 돈으로 더는 존재하지 않는 호수를 관리하는 공무원들에게 월급을 준 것인데, 이는 어처구니없는 수많은 사례 중 하나에 불과했다. 세금 납부 문제도 비슷했다. 예를 들어 그리스는 수영장에 특별소비세를 부과했고, 부유한 아테네 북쪽 교외의 시민 324명은 성실하게 세금을 냈다. 다만 세무 공무원이 해당지역의 인공위성 사진으로 확인한 수영장 수가 1만6,974개에 달한다는 것이 문제였다.

그리스는 이후 EU(유럽연합)와 IMF(국제통화기금)로부터 2010년 1,100억 유로, 2012년 1,300억 유로, 그리고 3년 뒤 860억 유로에 달하는 구제금융 패키지를 받았다. 강력한 개혁 약속이라는 대가가 따르기는 했지만, 1997년 한국이 외환위기에 IMF나 여타국제기구와 국가에서 모두 550억 달러를 차입했던 것과 비교하면

인플레이션율을 고려해도 엄청난 금액이었다. 그런데 놀라운 것은 이런 경제적 위기 중에도 평범한 그리스인들의 일상은 비슷한 경우의 한국인들보다 훨씬 편안해 보였다는 점이다. 축제도 자주 열고 손님 접대도 과할 정도였다고 한다.

이런 분위기가 가능했던 데는 지중해성 기후에 맞춰 형성된 그리스인들의 낙천적인 성격이 한몫했을 것이다. 여기에 더해 갖은 어려움을 극복해온 역사, 예컨대 2천 년 넘는 외세의 지배를 이겨낸 자랑스러움을 학습 받으며 빚어진 그리스인으로서의 자세 역시 그랬다고 많은 이들은 그 배경을 분석했다. 그만큼 수천 년의 역사가 쌓여 만들어진 전통과 문화에 대한 그들의 자부심은 대단하다. 그리스가 유로존 탈퇴, 즉 그렉시트의 가능성과 부정적인 파급효과도 언급하며 구제금융을 당당하게 요구할 때 재도입하겠다고 엄포했던 그들의 지폐 드라크마. 그리스는 그들의 역사와 자부심을 드라크마 도안에 그대로 드러냈다.

신과 정치가와 철학자의 시대

드라크마는 그리스 고유의 화폐단위다. '한 움큼을 쥐다'라는 뜻의 동사 '드라소마이'가 어원으로, 고대 폴리스 시절부터 사용되었다고 한다. 지혜의 상징인 부엉이와 아테네 여신이 새겨진 아테네의 '테트라 드라크마' 은화가 현재도 남아 있어, 당시 그리스

이외 지역에서까지 광범위하게 사용된 일종의 기축통화로서 드라크마의 영광을 짐작하게 한다. 그 지위는 로마시대의 금화인 '아우레우스'와 은화 '데나리우스'가 이어받고 이슬람권의 '디르함'으로 계승되었다. 근현대 드라크마는 1832년 그리스가 독립하면서 사용되기 시작했는데, 그 도안은 여러 차례 바뀌었음에도 그리스적인 특징은 공통이다.

1천 드라크마(제우스), 1970년 발행

1천 드라크마(아폴론), 1987년 발행

100드라크마(아테나), 1978년 발행

가장 그리스적인 도안이라면 단연코 그들의 인문학적 유산인 신화 속의 주제일 것이다. 올림포스 12신 중 신들의 왕 제우스를 비롯해 태양과 예언의 신 아폴론, 지혜와 전쟁의 여신 아테나, 바다의 신 포세이돈, 대지와 농경의 여신 데메테르와 그의 딸 페르세포네, 아르테미스의 시녀로 이탈리아 시라쿠사(고대 그리스인들이 건설한 식민 도시국가)의 샘에 전설로도 전해지는 님프 아레투사의 모습이나 조각상 등 말이다. 사실 그리스 역사에서 신화는 상당히 중요한 부분을 차지한다. 여타 국가들이 연대기로부터 그 역사가 시작된 데 비해 그리스는 신화에서부터 이어진 특이한 국가이기 때문에 더욱 그렇다.

크레타섬의 청동기시대 고대문명을 무너뜨린 미케네인은 기원전 1400~1200년 전성기를 누렸다. 그 유명한 트로이아전쟁이 미케네문명의 산물이었다. 이들이 도리아인에게 짓밟히고 멸망한 뒤 기원전 1150~800년의 암흑시대를 거쳐 폴리스가 형성된 시기, 즉 기원전 8세기경 호메로스와 헤시오도스라는 위대한 시인은 신들의 이야기를 담은 서사시를 썼다.

호메로스의 《일리아드》와 《오디세이아》는 암흑시대 동안 음유시인에 의해 전해오던 트로이아전쟁과 관련된 내용을 최초로 집대성한 위대한 작품이다. 헤시오도스는 그리스신화에서 가장 경이로운 점, 즉 신과 인간 영웅 사이를 잇는 세밀하고도 방대한 계보를 만들어 그리스 민족을 신과 연결하는 데 성공한다. 그리스인에게 신이 종교라기보다 조상에 가깝고 인문학적 자부심의 원천이 될 수 있던 이유였다.

신에서 인간으로 역사가 이어진 고대 그리스의 영광을 짐작할 수 있는 것은 역시 그리스의 자부심을 대표하는 정

500드라크마(소크라테스), 1955년 발행

500드라크마 뒷면(바울), 1955년 발행

치가와 철학자들을 통해서다. 기원전 8세기부터 마케도니아의 정복자 알렉산드로스대왕이 사망한 기원전 323년까지 그리스는 아테네와 스파르타를 중심으로 한 도시국가 폴리스 간의 경쟁과 협동을 통해 두 차례에 걸친 페르시아의 침공에 승리를 거두었다. 아테네제국 시대와 펠로폰네소스전투 이후 권력 이동을 거쳐 마케도니아의 흥기와 헬레니즘제국으로 이어지는 사이 민주주의라는 걸출한 정치제도뿐 아니라 철학, 조각과 건축, 과학적 사고, 연극과 문학 등 현재까지 인류에게 전해지는 수많은 문화적 유산을 남겼다.

원자론으로 후대 유물론에 영향을 준 철학자 데모크리토스(기원전 460~380경)의 일화, 위대한 철학자로 꼽히는 소크라테스(기원전 470~399)의 두상과 아리스토텔레스 역시 지폐에 놓여 그리스의 위대한 철학을 대표한다. 아테네에 있는 언덕 아레오파고스에서 전도하는 사도 바울의 모습도 새겨졌는데, 기독교가 '수많은 신의 나라' 그리스로 들어오는 장면이다. 이는 먼 훗날 서쪽 유럽에서는 '로마 가톨릭'으로, 발칸반도를 비롯한 동쪽 유럽에는 '그리스정교(정교회/동방정교회)'라는 이름으로 전파되며 유럽 전역을 압도할 것이다.

아테네의 해군력을 그리스 제일로 만든 살라미스해전의 영웅 테미스토클레스(기원전 524~459)는 뒷면의 갤리선 함대와 함께 동방 전제군주국인 페르시아에 패배를 안긴 찬란한 역사로 드라크마를 장식한다. 아테네의 황금시대를 연, 그리스 역사상 가장 영향력 있는 정치가 페리클레스와 그가 아크로폴리스에서 연설하는 모습은 기원전 457~429년 사이 일명 페리클레스 시대로, 교육과 문화의 중심지로 명성을 얻은 아테네 민주주의의 절정기를 기념

50드라크마(페리클레스), 1955년 발행

1천 드라크마(알렉산드로스), 1956년 발행

하고 있다. 여기에 알렉산드로스대왕(기원전 356~323)과 그의 전투 장면을 드라크마에 새겨, 폴리스를 넘어 이집트, 페르시아, 파키스탄, 북인도 등까지 무릎 꿇린 대제국의 시대를 그들의 역사로 기억하겠다는 그리스의 의지가 엿보인다.

2천 년 식민지에서 독립으로

그리스는 헬레니즘제국(기원전 323~30)을 이어 지중해 세계를 아우른 로마제국의 속주가 되었다. 기원전 146년부터 지배를 받다가 27년 완전히 로마에 편입되었다. 그리스인들이 배우는 역사에 따르면 2천여 년 식민지 시대의 시작이었다.

물론 통치와 별개로 그 문화의 힘은 오히려 로마에 영향을 주었는데, 테오도시우스 황제 사후 395년 로마제국이 동서로 분열된

후 나타난 변화가 그 현상 중 하나였다. 그리스는 동로마제국의 중심부에 자리했고, 그리스어가 라틴어를 대신해 공용어가 되었다. 황제의 명칭 또한 그리스어로 왕을 뜻하는 '바실레우스'로 바뀌었고, 그리스정교가 중요시되었다. 그리스가 동로마제국의 문화적 기반이 된 것이다. 16세기 히에로니무스 볼프를 비롯한 서유럽 역사학자들이 당시 동로마의 수도였던 콘스탄티노폴리스(현 이스탄불), 즉 비잔티움의 이름을 따 '비잔티움제국'이라고 부르는 그 시기였다.

비잔티움제국은 서로마가 476년에 멸망하고 800년 프랑크왕국의 샤를마뉴대제가 서로마 황제의 관을 받는 등 명멸을 거듭하는 동안 1천여 년을 지속했다. 이 거대한 제국을 1453년에 무너뜨린 이슬람제국은 오늘날 튀르키예의 영광스러운 역사로 전해지는 오스만튀르크였다. 그리스 화약, 테오도시우스 성벽, 우르반 거포, 예니체리 등과 함께 '콘스탄티노폴리스 공성전'이라는 불세출의 전쟁 기록을 남긴 메메트 2세의 나라였다.

오스만은 비잔티움제국을 복속한 뒤 이슬람교 개종을 강제하지 않았고 각 밀레트(종교공동체)의 자치를 보장해주기도 했다. 물론 표면적으로 관용을 베풀던 것과 다르게 실상은 이슬람화하는 데 많은 공을 들였고, '예니체리'의 경우에서 볼 수 있듯이 개종자가 누리는 혜택은 사회경제적으로 컸기 때문에 세월이 흐를수록 개종자는 증가했다. 오스만의 지배는 놀랍게도 최소 400년(남부 그리스)에서 최대 500여 년(북부 그리스) 동안 이어졌다. 더 놀라운 것은 그런 와중에도 그리스가 그리스정교의 전통을 지켜 현재까지 이어온 것이다. 독립 후부터 쓰인 현재 그리스 국기의 흰색 십자가가 그 사실을 대변한다.

그리스가 독립을 향해 본격적인 행보에 나선 것은 프랑스혁명 이후 각국에서 민족주의가 발화하던 19세기에 들어서면서부터다. 1814년 해방을 목적으로 하는 비밀결사가 만들어졌고, 1821년 반란이 일어났다. 이듬해 1월 독립을 선언하며 공화주의 헌법을 제정했으나 오스만의 탄압은 심했다. 이후 1821~1829년까지 약 10년간 지속한 피비린내 나는 독립전쟁 끝에 1830년 2월 '런던의정서'로 마침내 그리스는 독립을 보장받기에 이른다. 바이런을 비롯한 유럽의 낭만주의적 지식인들의 '문명의 고향' 그리스에 대한 열렬한 동정과 오스만을 견제하던 영국, 프랑스, 러시아의 지원에 힘입은 결과이기도 하다. 독립전쟁 과정에서 러시아제국의 그리스인 외교관을 역임하기도 했던 정치인 요안니스 안토니오스 카포디스트리아스(1776~1831)가 1827년 그리스 제1공화국 초대 대통령으로 선출되었다.

유럽 각국을 순회하면서 그리스 독립 승인을 견인하는 역할을 하기도 했던 카포디스트리아스는 독립 직후인 1831년 정적에게 암살당한다. 국가원수 자리는 그의 동생에게 승계되었으나 정치적 혼란은 계속되었고, 영국을 비롯한 열강은 그리스를 군주국으로 되살리기로 한다. 1832년 그리스왕국은 그렇게 탄생한다.

이와 같은 오스만의 압제로부터 얻은 독립을 기억하기 위한 인

500드라크마(요안니스 카포디스트리아스와 그의 생가), 1983년 발행

물과 장소들 역시 드라크마 속에 담겨 있다. 요안니스 카포디스트리아스의 초상과 그의 생가, 그가 태어난 이오니아제도의 케르키라섬 요새는 그 대표라 할 수 있다. 그를 기념하기 위해 아테네 국립 카포디스트리아스대학교로 명명한 아테네대학교와 아테나 조각상이 그려진 경우도 마찬가지다. 그 뒷면에는 그리스 민족주의자이자 언어학자 아다만티오스 코라이스(1748~1833)가 도안되어 있는데, 그는 튀르크 어휘가 섞여 있던 그리스어를 정화한 '카타레부사(순수한) 그리스어'를 지지해 현대 그리스 문학의 기초를 놓은, 일명 '그리스의 선생'으로 불린다.

1995년부터 유로화를 도입하기 직전까지 통용된 마지막 드라크마 시리즈는 더욱 그렇다. 독립 영웅으로 불리는 테오도로스 콜로코트로니스(1770~1843)가 새겨진 5천 드라크마를 보자. 그리스 독립전쟁의 장군이자 지도자인 그는 오스만에 대항하는 게릴라에 입대해 러시아, 영국, 프랑스 군에서 복무했는데, 그리스로 돌아와 비정규군을 현대식 군대로 양성해 오스만을 물리친다. 독립전쟁에서 가장 중요한 인물로 손꼽히는 만큼 그가 착용했던 고대 그리스 코린토스식의 투구와 갑옷이 아테네 그리스 국립역사박물관에 소장되어 있다. 박물관 입구의 청동 기마상은 드라크마가 사라지고 없는 현재도 여전히 그를 기억하게 한다.

리가스 벨레스틴리스 페라이오스(1757~1798)는 시인이자 독립 영웅이다. 오스트리아 빈에서 그리스어 신문을 발간하고 발칸 공화국 건국을 목표로 민족주의 운동을 벌이다가 오스만으로 인계되어 처형된 그의 죽음은 그리스 민족주의 도화선이 된다. 화가 니콜라오스 기지스(1842~1901)의 1886년 작품 〈비밀학교〉 도안이 그 뒷면에 새겨 있는데, 기지스는 그리스신화나 그리스정교회 관련 그림 해석으로 그리스 정신 운동을 펼친, 19세기 그리스에서 가장 중요한 화가다. 〈비밀학교〉는 오스만 시절 정교회 사제들이 아이들에게 비밀리에 그리스 신화를 가르치는 모습을 그린 것이다. 이 드라크마를 쓰며 그리스인들은 무엇을 기억했을까?

5천 드라크마(테오도로스 콜로코트로니스), 1997년 발행

200드라크마 뒷면(〈비밀학교〉), 1996년 발행

드라크마뿐 아니라 독립운동 영웅을 도안으로 한 지폐들의 시리즈를 보면 부러운 마음이 일곤 한다. 정치와 정신의 독립을 되살리는 데 삶

과 목숨을 다한 이들에 대한 후손의 평가, 나아가 그 평가를 가능하게 한 역사를 보는 시각이 일치한다는 의미 아니겠는가. 적어도 지폐 인물로 선정할 만큼은 그렇다. 그동안 불거지곤 했던 우리나라 지폐의 인물들을 둘러싼 일련의 이슈를 떠올리면 더 그렇다.

격동의 200년

그리스가 독립 후에도 겪은 크림전쟁, 발칸전쟁 등 잦은 전쟁과 공화정, 왕정이 반복되는 정치적 혼란은 민주국가가 제대로 서는 것이 결코 쉬운 길이 아님을 보여준다. 1832년 독일 바바리아왕국의 왕자 오토가 초대 국왕 오쏜 1세로 즉위함으로써 그리스왕국이 탄생했다. 오스만의 지배에서는 독립했으나 새롭게 영국에 종속된 국면이기도 했다.

30년간 재임했으나 국민의 신망을 잃어 쫓겨난 오쏜 1세를 뒤이어 덴마크의 왕자 예오르기오스 1세가 새 국왕으로 옹립된다. 입헌군주국의 기초가 놓인 이때부터 영토 확장에 주력해 두 차례 발칸전쟁과 제1차 세계대전을 거치면서 영토를 두 배 가까이 늘린 그리스였지만, 튀르키예와 벌인 전쟁에서 패하며 1923년 '로잔조약'을 체결하면서 오늘날 그리스-튀르키예 간 국경을 확정했다. 오스만의 지배와 전쟁 패배. 그리스와 튀르키예의 관계가 한일 관계 이상으로 좋지 않은 여러 이유 중 하나다. 예오르기오스 1세

사후 정치에 과도하게 관여하고자 한 계승자들로 인해 정치권과 국민의 갈등은 계속되었다. 1923년 이후 그리스 국내 정치의 최고 현안 중 하나가 왕정의 존속 여부로, 이로 인해 공화정과 왕정이 거듭되며 정치적 불안이 멈추지 않았다.

제2차 세계대전에서 이탈리아, 불가리아, 나치 독일의 순으로 침략당한 그리스는 1944년 10월까지 나치 독일군의 점령하에 놓였는데, 이 당시 드라크마 단위는 어마어마했다. 초인플레이션으로 지폐의 질이 타락하고 '0'은 그야말로 무한 증식하는 것 같았다. 1943년과 1944년 시리즈는 50드라크마에서 1944년 10월 7일에 찍은 1천억 드라크마(당시 겨우 신문 1부를 살 수 있는 가치였다)에 이르기까지 4년간 등장한 종류만 약 20~30여 종이었다고 한다. 바로 직전 1만, 5천, 1천, 100 단위였던 것에 비하면 엄청난 인플레이션이었다. 전후에는 이 지폐들이 해방 축하 행렬 위로 색종이처럼 뿌려지기도 했다는 일화가 전해질 정도였다.

나치 독일군이 철수한 후에는 향후 권력의 향방을 놓고 점령기에 강력한 레지스탕스 운동을 전개했던 좌우익 세력 간 격렬한 내전이 벌어졌다. 이는 소련의 팽창 전략과도 긴밀히 연계되었기 때문에 미국은 1947년 '트루먼 독트린'을 발표하고 전폭적인 군사 및 재정적 지원을 감행했다. 이에 힘입어 내전은 그리스 정부군의 승리로 1949년 종식된다. 그리스 태생이지만 미국 의사로 진단세포학의 선구자였던 게오르요스 파니콜라우(1883~1962)가 최종 드라크마 시리즈 1만권 앞면에 선정된 것은 당시 그리스와 미국

관계의 한 단면을 보여준다.

내전 종식 후 그리스는 입헌군주제로 복귀했으나 내각의 잦은 교체 및 총리와 국왕의 갈등 때문에 정치권의 긴장 상황이 계속되었다. 이런 가운데 1967년 결국 쿠데타가 일어났고, 1974년까지 군사정부가 유지되었다. 유럽에서는 유례가 없던 군사정부의 등장이었다. 민주 정치제도의 고향이라 할 수 있는 국가에서였기에 충격적이었고, 국민적인 저항으로 이어진다. 민주 정부로 복귀한 그리스는 국민투표로 공화제를 채택했으며, 1981년 유럽공동체에 가입해 경제성장과 정치 안정의 발판을 마련했다. 신민당과 사회당 양당 체제가 유지되면서 민주정치 제도 역시 크게 신장했다. 하지만 정치지도자들의 포퓰리즘적인 행태와 국민의 경제 및 사회적 인식 부족을 비롯한 여러 이유는 21세기 초 그리스가 경제위기에 처하는 배경으로 떠올랐다.

이렇게 보면 그리스는 모순이 많은 나라다. 민주주의가 태동했음에도 서유럽 국가 중 유일하게 군사정부를 경험했다. 사회주의

1만 드라크마(게오르요스 파니콜라우), 1995년 발행

국가들 대부분이 시장경제 체제로 전환했으나 오히려 사회주의적 정책 성격을 요구하는 국민이 많다. 유럽에서 가장 오래된 화폐 보유국이지만 경제적인 이유로 그것이 사라진다는 사실이 서글픈 감상은 설 자리조차 없었다.

그리스는 과연 유럽연합에서 성경 속의 잃어버린 한 드라크마와 같은 존재가 될 것인가? 과거 찬란했던 고대 영광을 다시 재현할 수 있을까? 튀르키예와 관계는 어떻게 만들어 갈까? 남는 것은 해답을 찾기가 곤란한 질문뿐이지만, 드라크마에 새겨 놓은 그들의 정신과 역사의 힘은 돌파구를 찾게 하리라 믿는다.

세 얼굴을 가진 리라의 나라

이탈리아

‘로마’라는 도시 혹은 제국의 보유국. 지중해를 향해 남동 방향으로 뻗은 구두 모양의 반도에 시칠리아와 사르데냐 등의 섬. 발 딛는 곳마다 유적지일 것 같은 이미지 덕에 사방천지 유명한 관광지와 화창하디 화창한 날씨, 피자와 아이스크림, 라틴 계열의 감정이 풍부한 사람들. 역사를 좀 아는 사람이라면 교황청, 성베드로성당, 밀라노, 베네치아, 르네상스, 메디치 가문, 그리고 가리발디와 무솔리니, 마피아 등등을 떠올릴 것이다.

‘이탈리아’라는 국가로 꿸 수 있는 사건과 인물은 헤아릴 수 없을 정도다. 이탈리아 지폐 ‘리라’ 속의 도안도 마찬가지다. 찬란한 지상의 유적만큼이나 리라 속에는 숱한 이야기가 담겨 있고, 그것은 이탈리아인이 소유한 과거의 영광이다.

사실 유럽 국가의 화폐 중에는 영국의 ‘파운드’화처럼 무게 단위에서 비롯된 것이 많다. 유로화 도입 이전 독일 화폐 ‘마르크’도 은금 무게를 잴 때 2분의 1파운드의 뜻으로 쓰던 ‘마르크’에 기원을 둔다. 현재 유로화를 사용하기 전 이탈리아에서 사용되던 화폐 ‘리라’ 역시 1파운드의 무게를 뜻하는 말로, 고대 로마의 중량 단위인 '리브라(libra)'에서 유래한다.

1807년 이탈리아에 리라가 처음 들어온 것은 프랑스 나폴레옹 보나파르트의 정복 때문이었다고 한다. 나폴레옹의 몰락과 함께 사라졌다가 1861년 이탈리아의 통일로 부활해, 2002년 유로로 전환하기 전까지 통용되었다. 그런 리라의 도안 속에 이탈리아인은 영광이 스민 역사의 기억을 담아냈다. 이탈리아의 현대가 녹록하지 않았던 반증일지도 모른다.

그들은 어떤 역사를 간직하고 싶었고, 그것을 통해 그들이 꿈꾼 미래는 어떤 것이었을까? 리라 속의 도안이 궁금해지는 이유다.

로마 보유국

과거 그 이름이 조국이었던 수많은 이들이 존재했고, 유럽 문화의 수도라 불릴 만한 2천 년이 넘는 역사를 지닌 도시, 이탈리아의 수도 로마다.

기원전 753년, 쌍둥이 형제 로물루스와 레무스가 이탈리아반도 테베레강 근처에 로마를 세운 것이 역사의 시작이다. 로물루스의 이름을 딴 작은 도시국가는 성장하며 이탈리아반도를 통일했고, 기원전 264년부터는 120여 년간 계속될 포에니전쟁을 치른다. 경쟁자 카르타고를 재기 불가능할 정도로 완전히 무너뜨리면서 서지중해 해상권을 장악하고, 그라쿠스 형제와 스파르타쿠스, 카이

사르, 폼페이우스, 안토니우스와 클레오파트라 등 수많은 인물의 서사를 낳으며 마침내 제국으로 향했다.

건국 후 6세기 만에 세계적인 제국의 위엄을 갖춘 로마는 지중해 연안을 벗어나 북부와 중부 유럽까지 나아갔다. 그 과정에서 저마다 독특한 전통과 문화를 가진 수많은 속주민을 로마법이라는 테두리 안으로 끌어들여 '한 영토의 시민'으로 변화시켰다. '하나'와 '다수'가 조화를 이룰 수 있다는 위대한 사례로 남은 로마. 앞으로 후대의 수많은 이탈리아인이 분열과 혼란의 시대에 마침표를 찍을 힘을 로마제국에서 찾을 이유였다.

로마인은 유용하다는 판단이 내려지기만 하면 서슴없이 다른 민족의 전통과 지식, 관습을 받아들였고, 그것으로 자기 문명의 우월을 뒷받침했다. 그리스 문화와 관련해서는 더욱 그랬다. 지중해 연안을 정복한 뒤 그리스의 문화적 계승자로 자처한 로마는 그리스 문학, 미술, 조각, 건축을 빨아들였다. 그리스처럼 도시, 즉 폴리스에 중심을 두어 뻗어 나가는 곳마다 새로운 도시를 건설했다. 로마식 건축법을 활용한 도시마다 로마식 이름을 붙인 것처럼 그리스 올림포스 12신들에게도 로마식 이름을 덧입혔다.

50리라와 100리라의 도안으로 쓰인 지혜의 여신 미네르바는 그리스신화 속의 아테나다. 500리라 도안의 케레스는 곡식의 신으로, 그리스에서 농경의 신, 풍요의 신으로 여겨지는 데메테르와 같다. 메르쿠리우스는 전령의 신이자 상업과 예언의 신인 헤르메스의 자리를 대신한다.

500리라(케레스), 1947년 발행

　로마제국은 테오도시우스 황제 사망 후 동서로 나뉘었고, 서로 마는 476년 게르만족에 멸망했다. 6세기 초 동로마제국 유스티니 아누스 황제의 정복 전쟁으로 이탈리아 북부와 중부 지역은 아수 라장이 되었다. 그가 사망하고 3년이 지난 568년, 게르만 부족 일 파인 롬바르드족이 혼란을 틈타 이탈리아를 침공해 북부 지역을 정복한다. 반도 전체를 차지하지 못한 롬바르드족의 정복과 통치 는 이탈리아를 분열의 시대로 이끌었다.

　분열은 그동안 이탈리아에 잠재되어 있던 다양한 문화를 드러냈 다. 북부에 발달하기 시작한 자치도시들은 유럽 어느 곳보다 빠른 도시화를 이룩했으나 정치적으로는 대립과 책략의 시험장이 되었 다. 남부에 전제군주제의 중앙집권적 통치 방식이 자리잡은 것과 사뭇 다르다. 이 둘 사이에 교황의 영지까지 위태롭게 자리하면서 이탈리아는 북부, 중부, 남부가 각기 다른 결의 얼굴을 가지게 되 었다.

왜 이탈리아 르네상스인가

중세부터 근대까지 이탈리아반도는 교황과 황제의 대립을 둘러싸고 정통성을 얻기 위한 강대국의 각축장이었다. 오스트리아, 프랑스, 에스파냐 등 외국 세력의 등장과 간섭은 이탈리아반도의 통일에 대한 희망을 꺾어버리곤 했다. 이런 의미에서 르네상스는 이탈리아 역사에 주어진 잠깐의 문화적 화려함이자 위안이라 말해지기도 한다. 분열된 나라의 정치적 불행을 극복할 위대한 군주를 기다리다 지친 이탈리아에 대한 보상이라고 할까.

르네상스의 여명을 알린 위대한 작품이라면 피렌체의 정치가이자 시인인 단테 알리기에리의 《신곡》일 것이다. 단테라는 주인공이 지옥과 연옥, 천국을 여행하면서 그리스도교적 구원과 죄와 벌 등을 이야기하는 내용이다. 사실 르네상스적 작품이라기보다 중세 유럽의 학문적 전통을 총괄하는 대작으로 평가된다.

샤를마뉴의 제국 중 일부였던 이탈리아는 그 손자대에 중프랑크

1만 리라(단테 알리기에리), 1948년 발행

라는 이름으로 역사를 이었다. 10~11세기 다른 프랑크왕국과 달리 유력한 지배자가 없었던 이곳의 정치 상황은 도시가 성장하는 바탕이 되었다. 북부 이탈리아 도시들은 서유럽의 귀족들을 위해 비잔티움과 이슬람 세계로부터 비단, 향신료 등 동방 사치품을 실어 나르는 원거리 상업으로 번영을 누렸다. 특히 유럽 전역을 휩쓴 십자군전쟁은 베네치아와 제노바 같은 이탈리아 도시에 엄청난 경제적 이익을 안겨주었는데, 자신의 배로 기사들을 성지까지 데려다주는 대가로 동방에 대한 중요한 상업적 권리를 확보했기 때문이다.

유럽의 어느 곳보다 이른 도시화와 거대한 경제적 부의 성장은 이탈리아에서 르네상스라는 문명이 발전할 물질적인 조건을 제공했다. 이탈리아 귀족들은 시골의 성보다 도시 중심지에 거주해 궁을 짓고 살며 도시의 공적 문제에 깊숙이 개입했다. 부유한 상인들과도 가까웠다. 귀족은 금융업이나 상업에 종사했고 부유한 상인은 귀족계급의 예법을 모방했기에, 14~15세기 둘 사이의 구분은 사실상 불가능했다. 이들은 문학과 예술의 새로운 이념 및 형식을 계발하는 데 기꺼이 투자할 후원자가 되었다. 특히 고리대금업에서 시작한 금융업과 상업을 통해 쌓은 재력으로 15세기 귀족의 반열에 올라, 르네상스 예술가를 후원하는 데 앞장선 피렌체의 메디치 가문의 위상은 상상을 초월했다. 당시 많은 이탈리아의 저술가와 예술가 들이 외국에 나가 일자리를 구하기보다 고국에 머물기를 선호한 주요한 이유 중 하나였다.

이탈리아는 로마의 존재로 서유럽의 어떤 지역보다 고전 시대에 친밀감을 느꼈다. 교황이 14세기 대부분을 로마가 아닌 프랑스 아비뇽에서 보낸 사건과 1378~1415년 교회의 대분열로 이탈리아와 프랑스 사이의 적대감은 고조되었다. 프랑스를 중심으로 발전한 중세 학문에 대항할 고전문학과 학문이 르네상스를 통해 이탈리아에서 싹을 틔우자 로마의 예술과 건축 역시 프랑스 고딕을 대신할 화려한 예술 양식을 보여주었다.

이탈리아 방언도 새로운 위상을 얻어 13세기 후반부터 꽃피운 이탈리아 문학의 핵심 요소가 되었다. 이탈리아 학교들은 전 유럽에서 가장 교육이 잘된 대중을 길렀고, 피렌체는 특히 대학으로도 유명했다. 이탈리아의 유명한 작가인 단테, 페트라르카, 보카치오 등이 토스카나 출신인 까닭이었다.

르네상스 예술, 이탈리아 역사를 위안하다

이탈리아 르네상스에서 예술, 그중에서도 회화의 업적은 경이로웠다. 미술이 만개한 것은 15세기였는데, 선원근법이 발견되어 온전한 삼차원 화상 표현에 처음 적용했기 때문이다. 주제는 비종교적인 내용까지 다양하게 수용했다. 성경 이야기를 주제로 삼을 때조차도 그랬는데, 도시가 부유해지고 세속적인 평신도의 예술 후원이 늘어났기 때문이다.

10만 리라(산드로 보티첼리의 〈봄〉 중 카리타스 세 자매), 1978년 발행

  15세기 위대한 화가들은 대부분 피렌체인이었다. 천재 마사초의 가장 잘 알려진 계승자는 산드로 보티첼리(1445~1510)였다. 그는 조르조 베스푸치(아메리카 대륙 이름의 기원이 된 아메리고 베스푸치의 삼촌)와 친분을 쌓은 덕분에 메디치 가문이 세운 플라톤 아카데미 회원과 가깝게 지낼 수 있었다. 그가 메디치 가문의 작품 주문을 독점한 이유였고, 같은 시대에 활약했던 레오나르도 다빈치가 반대로 한 작품도 주문받지 못한 까닭이기도 했다. 메디치 가문이 열 새로운 시대를 빗대어, 〈봄의 우화〉, 〈비너스의 탄생〉같이 그리스도교와 관련성이 없는 고전 신화의 장면을 그린 그림으로 유명하다.

  레오나르도 다빈치(1452~1519)는 예술과 과학을 융합하고 학문하는 기술자로, 르네상스적 인간의 대표로 꼽힌다. 자연을 숭배해 모든 살아 있는 존재에 신성이 깃들어 있다고 확신한 그는 자신을 미천한 수공업자가 아닌 영감을 받은 창조적인 예술가로 여기며 활동했다. 작업 속도가 느리고 어떤 작업이든 쉽게 끝맺지

5만 리라(레오나르도 다빈치), 1967년 발행

못한 약점도 있었지만. 밀라노의 성당 식당 벽에 그린 대형 프레스코화 〈최후의 만찬〉은 종교적 소재를 다루면서도 인간 감정의 복잡성과 역동성을 탁월하게 묘사한 작품이다. 이탈리아를 방랑하다가 프랑스로 이주해 왕의 후원을 받으며 인생을 마무리한 그가 사망할 때까지 지닌 작품은 그 유명한 〈모나리자〉였다.

르네상스 회화는 16세기 전반에 절정기에 이르렀는데, 이 시기 로마는 예술의 중심지 중 하나였다. 교황 율리우스 2세의 초청으로 로마로 이주한 라파엘로 산치오(1483~1520)는 시스티나 성당의 벽화 작업에 참여했고, 〈아테네 학당〉 같은 걸작을 창조할 수 있었다. 라파엘로는 인간을 온화하고 현명하고 존엄한 존재로 기품 있게 묘사했다. 오래도록 호소력을 가진 작품을 남긴 그는 르네상스 전 시기를 통해 가장 많은 사랑을 받는 인물이 될 터였다.

미켈란젤로 부오나로티(1475~1564)는 르네상스 전성기의 마지막 위대한 인물이다. 남성의 육체 안에 구현된 휴머니티가 이탈리아 르네상스 문화의 핵심이라면, 〈다비드〉로 강력하고 거대하고 웅장한 남성을 표현한 그는 최고의 르네상스 예술가가 아닐까. 그의 위대한 작품들은 로마 시스티나 예배당에 모여 있다. '아담의 창조'가 포함된 예배당 〈천장화〉와 제단 벽면의 프레스코화인 〈최후의 심판〉 두 걸작 사이에는 25년이라는 시간이 흐르고 있다.

이탈리아에는 이 사이 역사의 방향을 결정짓는 사건이 벌어졌는데, 신성로마제국 카를 5세의 미치광이 군대가 로마시를 약탈한 것이다. 특히 르네상스를 쇠퇴시킨 결정적인 계기였다는 점에서 그랬다. 1494년 프랑스의 침입으로 시작된 강대국의 침략과 전쟁의 결과 이탈리아의 운명은 150년 동안 신성로마제국의 합스부르크 왕가, 즉 오스트리아의 지배를 받을 카토-캉브레지 조약으로 결정된다.

16세기 전후로 이루어진 신항로 개척 역시 르네상스를 쇠퇴로 몰고 간 원인이었다. 무역로가 지중해에서 대서양 연안으로 옮겨가면서 이탈리아는 유럽 무역 중심지로서의 우월한 지위를 천천히 그러나 확실히 빼앗기며 경제적 쇠퇴로 이어졌다. 반(反)종교개혁도 마찬가지 역할을 했다. 로마교회는 16세기 세속주의와 프로테스탄티즘의 확산을 막아보려는 노력으로 사상과 예술에 대한 통제를 강화했다. 미켈란젤로의 〈최후의 심판〉에 벌거벗은 사람이 많다며 삼류화가에게 옷을 그려 넣어 원작품을 훼손한 것은 미술사에 다시없을 기막힌 이야기다.

50만 리라(라파엘로 산치오), 1997년 발행

10만 리라(미켈란젤로 부오나로티), 1994년 발행

갈릴레이에게 가해진 징계 역시 마찬가지였다. 갈릴레이

2천 리라(갈릴레오 갈릴레이), 1973년 발행

는 망원경으로 천체 관측을 해 발견한 목성의 위성들을 '메디치가의 별들'이라고 이름을 붙일 정도로 메디치가와 관계 깊은 르네상스인이었다.

그러나 로마교회 법정은 그의 발견과 견해를 심판에 부쳤다. 다음 세대의 위대한 자연철학적 발전이 이탈리아가 아닌 뉴턴과 같은 알프스 이북의 유럽인을 중심으로 이루어지고, 이탈리아가 더는 유럽의 중심이 아닌 주변부에 불과하다는 일종의 열등감에 빠진 역사의 시작이었다.

리소르지멘토를 이룩하다

19세기 초 이탈리아는 잡동사니 군소 국가들의 조각 모음이었다. 오스트리아는 반도 최북단의 가장 도시화, 산업화한 롬바르디아와 베네치아를 차지하고 있었다. 합스부르크제국의 예속 국가들은 토스카나, 파르마 등을 지배했다. 두 개의 시칠리아 남부 왕국과 교황령 국가 그리고 사보이 가문의 사르데냐-피에몬테왕국은 남은 독립 국가들이었다.

이 시기는 이탈리아에서 통일을 주제로 외세 배격 세력과 이를 반대한 세력이 심각하게 대립했던 열정과 좌절의 시간이었다. 민족주의자면서 공화주의를 주장한 주세페 마치니가 카르보나리당과 청년 이탈리아당을 통해 그 서막을 알렸다.

1848년 프랑스 2월 혁명에서 시작되어 유럽 전역을 휩쓸었던 소란은 기대만큼의 결과를 낳지는 못했다. 대부분 봉기가 실패로 돌아갔기 때문이다. 그러나 이탈리아를 로마와 르네상스 시대의 영광스러운 지위로 복귀시키려는 '리소르지멘토(이탈리아의 부활)', 그리고 이를 외치는 민족주의자들의 희망은 되살렸다. 결국 리소르지멘토는 카밀로 카보우르와 주세페 가리발디의 활약 속에서 1859~1870년 사르데냐-피에몬테왕국을 중심으로 이룩되었다. 군사 및 외교적, 즉 프랑스와 협력 등 보수적인 방법을 통해서였다.

알레산드로 만초니(1785~1873)는 이런 보수적인 통일 노선을 지지한 인물이다. 이탈리아에서 단테 이후 최고의 문필가로 인정받는 작가로, 밀라노 부유한 귀족 가문에서 태어난 만초니는 나폴레옹의 이탈리아 지배와 오스트리아의 통치, 그리고 여러 국가로

10만 리라(알레산드로 만초니), 1967년 발행

분열된 이탈리아의 상황 속에서 성장했다.

1827년 출판된 《약혼자들》은 만초니의 대표작이다. 17세기 에스파냐 지배 시대의 롬바르디아 지역, 방적공이자 농부인 렌초와 그의 약혼녀 루치아는 결혼을 주관하기로 한 성당 신부가 에스파냐 귀족에게 협박당해 결혼하지 못한 채로 고향에서 추방되고, 정의와 신앙으로 무장한 그들이 수많은 고난을 극복하며 결국 에스파냐 귀족을 물리치고 승리한다는 내용이다.

만초니는 이탈리아의 독립과 자유가 군사 및 정치적 승리가 아닌, 민족의 도덕적 각성과 단결을 통해 올 수 있다고 여겼다. 토스카나 방언을 사용해 표준어를 정립하려 했기에 이탈리아의 언어 통일에도 큰 역할을 했다. 이탈리아 민족주의와 언어 통일을 촉진하는 데 이바지한 만초니가 사망하자 베르디는 이듬해 그를 위한 진혼곡을 쓴다.

이탈리아를 대표하는 작곡가 주세페 베르디(1813~1901). 그의 오페라는 이탈리아의 통일과 독립을 향한 열망을 상징적으로 담

1천 리라(주세페 베르디), 1969년 발행

고 있다. 밀라노에서 음악을 공부한 베르디의 작품이 본격적으로 리소르지멘토와 연결된 것은 오페라 〈나부코〉다. 이스라엘 민족의 바벨론 포로 생활을 다룬 작품으로, 특히 'Va, pensiero(히브리 노예의 합창)'는 이탈리아 민족주의의 상징으로 널리 알려진다. 오스트리아의 지배를 받던 이탈리아인들에게 민족적 단결을 촉구하는 메시지를 전달했기 때문이다. 이후 여러 오페라를 통해 이탈리아의 민족적 열망을 표현한 베르디 역시 리소르지멘토의 문화적 기둥이 되어 리라 속에 남았다.

그들에게 파시즘이란

이탈리아는 사보이 왕가를 중심으로 통일되었지만 '이탈리아인'을 만들 정체성 문제는 해결하지 못했다. 1861년의 통일은 한 왕조를 중심으로 실현된 영토적 통일이었을 뿐 실질적이며 현실적인 통일은 되지 못한 것이다. 남북의 문화적 차이 같은 일상에서의 문제는 여전했는데, 당시 이탈리아는 한쪽의 만족이 다른 편의 불만으로 이어지는 위기의 연속이었다. 그 해결책을 현재 고통을 인내하고 새로운 선택을 모색하기보다 과거의 영광 속에서 찾은 결과가 20세기 초 무솔리니 권력의 등장과 파시즘이었다.

파시즘은 이탈리아어인 파쇼에서 나온 말로, 본래 묶음이란 뜻이지만 '결속', '단결'로 사용되었다. 1919년 무솔리니가 파시스

1천 리라(마리아 몬테소리), 1990년 발행

타당을 조직하면서 그의 정치사상을 가리켰는데, 사회주의 반대, 의회 정치와 정당 정치 반대, 강력한 국가주의가 특징이었다.

무솔리니는 유럽의 변두리로 전락한 옛 로마제국의 심장부를 새로운 유럽의 중심지로 되돌리려 했다. 그에게 이탈리아의 영광된 미래를 위한 보장은 국가의 사기 진작, 이를 위해 선택한 것이 전쟁이었다. 그러나 민중의 사기를 높이고 민족적 우월성을 강조하는 수단으로 선택된 전쟁은 사실 충분한 경제력과 군사력, 국민적 합의에 기초한 것이 아니었다. 리라에 남은 인물들의 무솔리니와 파시즘에 대한 반응 역시 각기 달랐다.

아동교육학자인 마리아 몬테소리(1870~1952)가 태어난 것은 이탈리아 통일 운동의 마지막 전투인 로마 점령이 있던 1870년이었다. 아버지의 격렬한 반대, 어머니의 열렬한 지원 속에 로마 사피엔차대학교 의과대학의 유일한 여학생이 된 몬테소리. 여자라는 이유로 해부 실습 참여가 금지되었던 그는 졸업 후 여전한 성차별과 아이들을 학대하는 당시의 관습에 저항하며 교육학으로 진로를 바꾼다.

3~6세 노동자 자녀들을 위한 유치원을 열어 '몬테소리 교육법'으로 교육한 그는 1922년 교육부 장관이 되었다. 몬테소리 학교와 교육 방법은 파시즘 정권의 지원을 받기도 했다. 그러나 결국 공직을 사임한 몬테소리는 아들이 거주하는 에스파냐로 건너간다. 스페인 내전이 일어나면서 네덜란드 암스테르담에 정착했는데, 제2차 세계대전으로 히틀러 정권에 탄압당하기도 했다. '평화'와 '인간의 자율성'을 강조하는 그의 교육법은 무솔리니의 국가주의 및 권위주의적 교육철학뿐 아니라 히틀러의 그것과도 충돌했기 때문이다. 몬테소리는 그의 교육법을 전파하며 여생을 마치는데, 그를 탄압했던 파시즘이나 나치즘과 달리 '몬테소리 교육법'은 현재까지도 전 세계적으로 그 가치를 인정받고 있다.

이탈리아인 아버지와 스코틀랜드인 어머니 사이에서 태어난 굴리엘모 마르코니(1874~1937)는 먼저 이탈리아에서 무선전신을 개발하려 했으나 녹록하지 않았던 모양이다. 어머니와 함께 후원

2천 리라(굴리엘모 마르코니), 1990년 발행

자를 찾아 영국으로 건너갔을 때가 고작 21살로, 그곳에서 지원받는 데 성공하며 무선통신을 실용화하기에 이른다.

1899년 영불해협을 건너 무선 신호를 보냈고, 같은 해 무선통신 기술은 'SOS' 메시지를 전달해 북해에서 침몰해가던 선박을 구조했다. 1901년 12월 영국에서 캐나다의 수신자에게 전송하는 데 성공하며 무선전신은 대서양을 횡단했다. 요트 경기 결과나 영국 왕세자의 부상 소식 전송, 살인범 체포에 공헌 등 무선전신의 실용성은 기대 이상이었다. 마르코니는 1909년 이에 대한 공로를 인정받아 노벨물리학상을 수상한다.

마르코니를 다시 정중하게 초청하고 무선전신국을 세우며 지원을 아끼지 않은 이탈리아. 고국으로 돌아간 마르코니는 열렬한 파시즘 추종자가 되었다. 1927년 그의 두 번째 결혼식 때 신랑 들러리를 섰던 사람이 베니토 무솔리니였을 정도였다. 마르코니는 '검은셔츠단'에도 가입했고, 이탈리아의 에티오피아 병합 역시 지지한다.

사실 가리발디의 붉은셔츠단을 본뜬 검은셔츠단과 로마식 경례는 무솔리니 권력을 유지한 자극적인 볼거리 중 일부였다. 특유의 웅변술로 로마제국의 영광을 재현하겠다며 큰소리친 무솔리니는 해외 원정으로 그 허풍을 실현하려 했다. 에티오피아를 침공했고 알바니아도 병합한 이유였다. 그러나 이탈리아 군대는 허약했다. 거의 두 손 놓고 있던 알바니아 점령에도 한껏 고전했고, 제2차 세계대전 중 독일에 압도당하던 프랑스에도 밀렸다. 그리스와 이집트 침공은 반격당해 독일군의 힘을 빌리는 치욕 역시 겪는다.

무솔리니는 로마 황제처럼 개인숭배와 화려한 볼거리로 계급 분열, 지역 갈등을 무마시키며 군림했다. 하지만 로마와 달리 그의 군대는 너무나 약했고, 훨씬 강한 국가들에 둘러싸여 있었다. 결국 이용 가치가 없어지자 버려진 무솔리니의 뒤로 마르코니를 포함 그에 호응했던 사람에 대한 부정적인 평가만 역사에 남았다.

이탈리아는 태양과 영광스러운 수많은 유적, 역사와 인물을 보유한 축복받은 나라다. 그러나 여전한 남북의 문화적 정서적 거리감, 북부 분리 운동 같은 새롭지 않은 정치 양태, 민중적 삶의 형태로 유지되면서 때로는 공권력에 대한 정면 도전도 주저하지 않는 남부의 마피아, 거대한 지하경제 등 밝은 미래를 상상하기 쉽지 않은 것이 그들의 현재다. 통일과 두 차례 세계대전을 경험하고 파시즘이라는 상처를 품은 국가로서 새 모습을 찾기 어렵다고 할까.

리라를 통해 본 이탈리아 역사는 우리나라와 닮아 보인다. 남북으로 긴 반도 속 외세의 침략과 내부의 분열로 점철된 역사를 새로운 민족 정체성을 형성해 극복하고, 또 다른 미래로 나아가야 할 과제의 무게가 절대 가볍지 않다는 점에서 그렇다.

미운 오리 새끼, 왕관 쓴 백조가 되다

북유럽 국가들

'뒤죽박죽 빌라'에 한 소녀가 산다. '닐슨 씨'라는 원숭이와 '말 아저씨'라고 부르는 점박이 백마와 함께다. 엄마는 하늘나라에 갔고, 어디 있는지 모르는 아빠는 해적 선장이다. '나 혼자 산다'는 것으로, 심지어 학교에 가지도 않는다. 주근깨투성이에 양갈래로 딴 뻗친 빨간 머리, 짝짝이 긴 스타킹을 신은 삐삐 롱스타킹. 남자 어른보다 힘이 세고 금화도 잔뜩 가지고서 하고 싶은 일을 마음껏 하는 이 왈가닥 아이는 항상 장난기가 가득하다. 이웃에 사는 토미와 아니카 남매는 삐삐와 친구가 된 뒤 하루하루가 모험이었다.

　〈말괄량이 삐삐〉는 TV에서 방영된 영화 시리즈였다. 어린아이인 주제에 하고 싶은 일은 다 기가 막히게 하는 것이 신기해 방영 시간을 기다리곤 했지만, 막상 볼 때는 그 소동들이 어린이의 눈으로도 심한 '민폐' 같아 불안하기도 했다. 서양인은 누구나 미국인인 줄로만 알았던 유년의 추억 속 독특한 인상으로 남은 이 작품의 원작가가 스웨덴 출신이라는 사실을 안 것은 어른이 되어서도 꽤 오랜 뒤의 일이었다.

유럽 북부 스칸디나비아반도를 중심으로 스웨덴을 포함해 덴마크, 노르웨이, 핀란드, 그리고 아이슬란드가 모여 있는 이 지역은 일명 '북유럽'이라 불린다. 이곳은 다른 유럽 지역에 비해 낯선 이미지로 다가오지만 실은 그렇지 않다. 한스 크리스티안 안데르센의 동화, 그룹 아바의 수많은 팝 명곡, 에드바르 뭉크와 칼 라르손의 그림들, 헨리크 입센의 희곡 《인형의 집》 등 풍부한 문화예술 작품은 이미 친숙하다. 한때 세계를 정복했던 핸드폰 노키아와 게임 '앵그리 버드'의 탄생지이자 셰익스피어의 햄릿과 '노벨'상, 캐릭터 '무민'의 고향. 낯설다고 하기에는 생활 곳곳에 스며든 것이 너무나 많다.

거기에 부패지수가 낮은 복지국가, 남녀평등 인권 국가, 친환경 국가, 국민에게 사랑받는 군주제 국가 등에서 연상되는 이들의 이미지는 깨끗하고 단정하다. 하지만 안데르센 동화 속의 백조처럼 이들 역시 미운 오리 새끼였던 때가 있었다. '바이킹'이 그것이다. 그들의 존재를 유럽에 알린 역사의 시작이 침략자, 약탈자, 야만인의 대명사인 바이킹이기 때문이다. 9세기 미운 오리 새끼 바이킹이 21세기 현재 세계인의 주목을 받는 선진국 백조가 될 때까지 걸어온 길 역시 그들의 지폐 도안에 흔적으로 남아 있다.

유로 대신 아직도 자국의 화폐 사용을 고집하는 북유럽. 그들은 화폐단위 역시 비슷한데, 유로존에 포함된 핀란드만 제외하고 영어로 치면 Crown의 의미를 지닌 단위다. 1551년 이후 영국에서 발행한 대형 은화 '크로나(Krona)'에는 '왕관(crown)'을 쓴 왕의

초상이 들어 있었다. 덴마크와 노르웨이의 화폐인 '크로네', 스웨
덴과 아이슬란드의 '크로나'는 여기서 유래했다.

바이킹의 나라에서 기독교 국가로

793년 6월 8일, 영국 북부 동해안의 대수도원 린디스판이 처음
으로 바이킹에 습격당했다. 순식간에 해안에 상륙해 파괴, 약탈,
살육을 벌인 바이킹은 맹렬하게 타오르는 불꽃과 검은 연기, 참극
의 흔적을 남기고 떠나갔다. 바이킹에 관한 책이라면 꼭 등장하는
역사상 최초의 습격, 일명 '린디스판 수도원 습격 사건'이다. 이
는 샤를마뉴대제(742~814) 사망 이후 3국 분할 상태로 약화한 프
랑크왕국 시대의 서유럽에 이교도가 몰고 올 무시무시한 공포의
서막과 같았다.

이후 200년 넘게, 정확히는 1060년경까지 이어질 바이킹 원정

100크로네(고크스타호), 2016년 발행

에 대한 부정적인 이미지는 이런 공포를 느낀 지역의 사람들이 남긴 기록들 때문이다. 바다에 낯설고 이상한 돛을 세운, 용머리가 긴 한 무리의 배들이 보이는가 싶으면 바이킹이 출현했고, 서유럽인들은 지나간 자리마다 절망의 불꽃과 피, 눈물을 남긴 그들을 모두 '노르만'이라 불렀다. 당시 서유럽인에게 이들을 종족별로 식별할 지식은 없었고, 북유럽에서 통일 왕국다운 왕국이 출현한 것 역시 훨씬 이후의 일이었기 때문이다.

바이킹은 현 덴마크, 스웨덴, 노르웨이 사람들이 주로 강 하구나 피오르만에서 살았던 자신을 '만(vik)에 사는 사람(ing)'이라고 부르면서 유래했다. 바이킹은 9세기 인구의 증가와 식량난에 직면했고, 배를 타고 원정에 나서 이 문제를 해결하고자 했다. 이들 중 노르웨이계 바이킹은 영국 북동 해안을 비롯해 스코틀랜드, 아이슬란드와 그린란드, 심지어 북아메리카로 향했다. 영국인이 '데인'인이라고 불렀던 덴마크계 바이킹은 브리튼 섬을 시작으로 유럽 내륙으로 진출해 북프랑스, 에스파냐, 지중해까지 들어갔다. 당시 프랑크왕국은 여러 차례 파리와 해안을 공격했던 바이킹 부족장 롤로(846~930)에게 영토를 제공했고, 이것이 911년 세워진 그 유명한 노르망디공국이다. 스웨덴계 바이킹은 발트해를 건너 동방으로 진출했다. 이들은 약탈보다 교역에 집중했는데, 그중 루스 사람 루리크는 슬라브인의 통치자로 노브고로드공국을 세웠고, 이는 러시아 역사의 시작이 되었다.

이처럼 원거리까지 진출한 사실에서 알 수 있듯이 당시 바이킹

50크로네 뒷면(보르군드 스타브 목조 교회), 1966년 발행

의 배 건조 기술과 항해술은 매우 뛰어났다. 고크스타호는 9세기 바이킹의 갤리선 중 가장 크고 전형적인 선박으로, 노르웨이 오슬로의 피오르에서 발견된 세 척의 바이킹 선박 중 하나다. 다른 배들처럼 고크스타호 역시 발견된 곳의 지명을 따라 이름을 붙인 것으로, 놀랍게도 이 배는 언덕 모양 형태의 무덤 속에 있었다. 바이킹들이 바다와 접한 곳에 산을 쌓고 그 속에 배를 묻어 말이나 개를 함께 순장했기 때문이라고 한다. 노르웨이에서 2017년 이후 발행된 현행권 100크로네에는 고크스타호가 기하학적으로 아름답게 새겨져 있다. 약탈자로서가 아닌 교역자나 문화 전파자로서, 통치자로서 바이킹 원정의 의미를 기리는 것일지도 모른다. 현재까지도 바이킹의 후손임을 특히 자랑스럽게 여기며 여러 시설과 이벤트로 바이킹 문화를 기념하고 있는 덴마크인들과 같은 마음이지 않을까.

바이킹 시대가 끝날 무렵부터 북유럽은 이전과는 다른 역사적 단계로 진입한다. 바이킹의 자취가 남은 위에 기독교가 전파된 시

기다. 바이킹 원정은 유럽 대륙을 변화시킨 것뿐 아니라 북유럽에
도 급속한 정신 및 문화적 변화를 불러일으켰는데, 그 대표적인
것이 기독교의 영향이었다.

북유럽에 대한 공식적인 최초의 전도는 829년 프랑크왕국의 경
건왕 루트비히가 파견한 안스가르에서 시작했고, 1천 년을 전후
로 스칸디나비아 전역에 퍼졌다. 각 지역의 유지와 농민 들은 힘
을 합쳐 교회를 세웠는데, 흔히 마을 종교의식 장소로 제물을 바
치던 곳에 설립하곤 했다. 이 시기를 대표하는 교회인 보르군드의
스타브 목조 교회는 노르웨이의 구권 중 50크로네 뒷면 도안이기
도 했다. 수백 년 동안 보수 작업을 거치기도 했지만 교회 건물 대
부분은 1100년대에 지어진 원래의 목조건물 그대로 아직도 보존
되어 있다.

사실 북유럽에서 기독교가 뿌리를 내리는 데 큰 힘을 발휘한 것
은 이전과 달리 막강한 세력으로 출현한 국왕들의 개종 압력이었
다. 그 대표격인 덴마크의 크누트(994~1035)는 11세기 전반 잉
글랜드를 정복해 국왕이 되었고 노르웨이 왕으로도 추대되어 '북
해 왕국'을 완성했다. 특히 그는 교회와 수도원으로부터 신임을
얻은 '대왕'이었다. 덴마크를 통일해 기독교화했다고 전해지는
'푸른 이(근거리 무선통신 기술 블루투스의 어원) 하랄'이 그의
할아버지다. 국왕에 즉위한 후 기독교 개종을 지시한 노르웨이 올
라프 1세(963~1000), 영국 선교사에게 기독교 세례를 받은 스웨
덴의 올로프 쉐트코눙(980~1022) 등의 영향으로 1100년 무렵 북

유럽 태반은 기독교화되었다. 교회는 특히 남유럽, 서유럽 문화권의 자극을 전해주는 중요한 매개체 역할을 했다. 문화적 접촉은 교역의 발달로 이어졌고, 강력하고 통일된 중앙집권체제의 확립은 이를 기반으로 한 것이었다. 바이킹 시대의 종말과 겹친 기독교 선교의 승리 시기에 북유럽에는 경계가 확정된 세 개의 국가 덴마크, 스웨덴, 노르웨이가 탄생했다.

연합 왕국과 절대왕정 시대를 넘어

구스타브 1세 바사(1496~1560)는 1~4차 스웨덴 크로나 은행권의 도안에 빠지지 않고 등장한다. 무려 100년이 넘는 동안이다. 그 위상이 얼마나 높은지 짐작할 수 있는데, 이는 그가 스웨덴을 덴마크로부터 독립시킨 실질적인 스웨덴의 국부이자 근대를 연 인물이기 때문이다.

1천 크로나(구스타브 1세 바사), 2005년 발행

북유럽 3국은 강력한 중앙집권체제를 완성하기까지 각기 내란의 시기를 거쳤다. 서유럽으로부터 새로운 경제 및 문화적 영향을 최초로 강하게 받은 국가이자 내분이 가장 먼저 끝난 곳은 덴마크였다. 덴마크 여왕 마르그레테(1353~1412)는 '칼마르동맹'을 완성해 북유럽 3국을 강대한 동맹으로 만들며 연합 왕국 시대를 열었다. 형식은 3국이 동등했으나 실질적으로는 덴마크가 맹주였던 칼마르동맹은 1397년에 시작되었는데, 특히 노르웨이와 맺은 동맹은 덴마크가 나폴레옹전쟁에서 패해 스웨덴에 노르웨이를 할양하는 1814년까지 417년이나 계속되었다. 바이킹 시대에 장대한 해외 모험과 발전을 이루었던 노르웨이는 결국 근 500년간 덴마크와 스웨덴의 지배 아래 복종한 것으로, 1905년에야 독립할 수 있었다. 이에 비해 스웨덴은 1523년 일찌감치 칼마르동맹에서 분리되며 17세기 덴마크를 제치고 발트해의 패자가 되는 길로 나아갔으며, 그 분기점이 구스타브 1세 바사였다.

구스타브 1세는 칼마르동맹 시기에 스웨덴 섭정을 배출하기도 한 명망 높은 귀족 가문인 바사 가문 출신이다. 1517~1518년 스웨덴의 완전한 복속을 시도한 덴마크 국왕 크리스티안 2세에 맞서 독립 투쟁에 참여했으나 당시 섭정이 패배하면서 귀족 자제 인질로 덴마크에 끌려갔다. 그가 뤼베크로 도망가 망명 생활하는 동안 크리스티안 2세는 '스톡홀름 대학살'로 주요 스웨덴 귀족들을 처형하며 스웨덴의 독립운동 의지를 꺾으려 했고, 이때 그의 아버지도 희생당했다. 이후 구스타브 바사는 귀국해 농민을 중심으로

100크로나(구스타브 2세 아돌프), 1965년 발행

봉기를 일으켜 결국 덴마크로부터 독립하는 데 성공한다. 1523년 6월 6일, 그가 스웨덴 국왕으로 선출된 날은 스웨덴의 독립기념일이 된다. 즉위 후 왕권에 위협이었던 로마 가톨릭과 결별하기 위해 루터교회를 유입시켜 종교개혁을 시행한 그는 1540년 스웨덴어로 쓰인 구스타브 바사 성경을 출판해 스웨덴어의 발전에 이바지하기도 했다.

별명이 '북방의 사자왕'인 구스타브 2세 아돌프(1594~1632)는 구스타브 1세 바사의 손자다. 할아버지가 왕위를 선출제에서 세습제로 바꾼 덕분에 걸출한 능력을 지닌 그가 별 무리 없이 왕위에 오를 수 있었을지도 모른다. 그의 아버지 칼 9세 시대는 스웨덴이 러시아, 폴란드, 덴마크로부터 포위당한 채 압력을 받던 때였다. 덴마크와의 전쟁 중 뇌졸중으로 급사한 칼 9세의 뒤를 이어 1611년 16살의 어린 나이에 스웨덴 국왕으로 즉위한 그는 왕권 강화와 부국강병책을 실시해 스웨덴을 북유럽의 대국으로 발전시켰다. 그래서일까? 스웨덴 역대 국왕들 가운데 국민에게 인기가

50크로나(구스타브 3세), 1965년 발행

높은 왕으로 손꼽히며 지폐 도안의 인물로 남았다.

그는 신교 중심의 종교 정책과 뛰어난 군사 전략으로 많은 전쟁에서 승리를 거두며 '근대전의 아버지'라고 불렸다. 특히 서양 최초의 국제전이라고도 할 수 있는 '30년전쟁' 중반부터 참전해 능력을 발휘하면서 위기에 몰린 신교 세력을 구원하는 위대한 맹주가 되었다. 귀족과의 협력, 법치주의의 근간 마련, 인재 양성 등 국내 업적도 탁월했는데, 특히 팔룬 등지에 구리광산을 개발한 것은 스웨덴의 경제와 군사 면에서 모두 중요했다. 팔룬 구리광산은 유럽 최대의 생산량을 기록하며 스웨덴의 무역 규모를 10배 가까이 늘렸고, 대포의 대량 보유를 가능하게 해서 군사력 증강을 추동했기 때문이다. 이를 기반으로 구스타브 아돌프 치하의 스웨덴은 훗날 독일 통일을 이룰 프로이센왕국이 모델로 삼거나, 구스타브 2세 사망 70여 년 뒤 대북방전쟁(1700~1721)을 통해 스웨덴 대신 발트해의 패자가 될 러시아 표트르 1세(1672~1725)가 모델로 삼을 정도의 강국이 되었다.

구스타브 2세는 외동딸 크리스티나(1626~1689)를 남기고 전장에서 사망했다. 명재상 옥센셰르나를 중심으로 섭정위원회가 꾸려져 선왕이 남긴 6살 딸을 도와 통치는 이어졌고, 1644년 18살에 친정을 시작한 여왕은 30년전쟁을 마무리하도록 유도해, 1648년 베스트팔렌조약을 통해 독일로부터 넓은 땅과 거액의 배상금을 얻으며 전쟁을 종결짓는 데 성공한다. 거기에 문화예술을 독려하며 유럽의 저명한 석학들과 꾸준히 교류를 이어온 여왕이 프랑스 철학자이자 수학자인 르네 데카르트(1596~1650)에게 심취해서 군함을 특파해 스톡홀름의 왕궁으로 초빙한 것은 유명한 사실이다. 매일 새벽 5시, 북유럽의 매서운 추위 속에 강의해야 했던 데카르트에게는 결국 3개월 만에 폐렴으로 세상을 떠나는 비극이 기다리고 있었지만, 크리스티나가 가톨릭으로 개종한 데는 데카르트의 역할이 컸다고도 한다. 여왕이 로마로 떠나면서 한때 유력한 결혼 후보였던 외사촌 오빠인 카를 구스타프에게 양위해 바사왕조는 단절된다.

스웨덴 수도 스톡홀름의 근교에는 '북유럽의 베르사유궁'이라고도 불리는 드로트닝홀름궁전이 있다. 스웨덴을 상징하는 건축물로 현재도 스웨덴 국왕이 거주한다. 여름 별궁으로 건축된 이곳에 1754년 궁정극장이 들어선 뒤에는 오페라 상연과 화려한 연회 같은 대규모 행사가 이루어지곤 했다. 대륙에서는 프랑스혁명의 소용돌이가 한창이던 1792년 3월, 이 궁정극장에서 가면무도회 중이던 구스타브 3세(1746~1792)가 총에 맞아 13일 만에 사망한 사건이 발생했다.

구스타브 3세는 당시 대외적으로 강력한 군주로 인정받고 있었고 국내에서 역시 인간적인 매력으로 국민의 사랑을 얻고 있었기에 그의 암살은 서유럽에 충격으로 다가왔다. 오페라의 거인 주세페 베르디가 〈가면무도회〉라는 이름으로 오페라로 만들 정도였다. 그러나 사실 그는 귀족들로부터는 팽팽한 견제를 받고 있었다. 1771년 왕위를 이은 이듬해 무혈쿠데타를 일으켜 새 헌법을 통과시켰는데, 이를 통해 그동안 국왕보다 많은 권한을 누리던 4계급 의회를 해산하며 왕권 강화에 성공했기 때문이다. 이로써 대북방전쟁 이후부터 근 50여 년 동안 이어온 일명 스웨덴의 '자유의 시대'는 종말을 맞는다.

이어진 21년간의 구스타브 3세 재위 동안 스웨덴은 덴마크, 러시아와의 전쟁에서 승리했고, 고문 중지, 유대교 등 종교의 자유 허용, 빈민법 개정, 자유무역을 통한 경제 활성화 등 국가 발전을 이룩했다. 그는 특히 시인과 예술가 들을 모아 원조하고 활동을 장려했으며 스웨덴 아카데미, 오페라 극장을 건립하는 등 예술 부흥에도 힘을 쏟아 학술이 발달했던 자유의 시대와는 또 다른 유산을 남겼다. 우리가 익히 알고 있는 18세기 프로이센의 프리드리히 2세, 러시아의 예카테리나 2세, 오스트리아의 요제프 2세와 같은 스웨덴의 계몽절대군주로 평가되는 인물이 구스타브 3세다.

예술과 문화의 인물들, 반짝거리다

북유럽 민족들은 서유럽 문명의 수용자이면서 그 형성에 이바지하기도 했다. 그러나 그런 업적이 일반적으로 높이 평가된 것은 19세기부터였는데, 교통 통신의 발달과 국제무역의 협조 관계, 특히 여러 국가 간 밀접한 교류를 맺게 해준 예술과 과학의 진흥 덕분이었다.

19세기 초 덴마크-노르웨이와 스웨덴-핀란드 두 연합 왕국은 대륙의 나폴레옹전쟁에 개입하고 싶지 않았다. 하지만 결국 휘말려 덴마크는 프랑스의 동맹국이 되었고, 스웨덴은 반대 세력에 가담했다. 그 결과 스웨덴은 핀란드를 러시아에 빼앗겼으며, 덴마크는 노르웨이가 스웨덴과 동군연합이 되는 것을 지켜봐야 했다. 그 때문일까? 제1, 2차 세계대전을 겪는 동안 이들은 비슷한 문제에 봉착했다고 여겼고, 재빠르게 중립을 선포하며 전쟁의 참화를 피하고자 했다. 물론 스웨덴을 제외한 북유럽이 히틀러에게 점령당하는 것을 막기에는 역부족이었지만.

20세기에 들어와서 이들은 헌법을 민주화했고, 세계 어느 곳보다 '사회보장'에 대한 인식을 싹틔워 발전시켰다. 특히 스웨덴이 세계 대공황과 제2차 세계대전의 위기에 직면했던 1930~1940년대 전반 총리이자 사회민주당 당수였던 페르 알빈 한손이 전당대회에서 발표한 '국민의 가정'이라는 신조어는 사민당 정책의 핵심이 되었다. 이는 사회계층 간의 장벽을 넘어 모든 사람에게 안

50크로네(카렌 블릭센), 2004년 발행

락한 가정을 만들어 주겠다는 포괄적인 복지 개념의 표현으로, 이를 구현하기 위해 기울인 노력 덕분에 1950~1960년대 '황금의 스웨덴 복지국가' 시대가 건설된다. 북유럽 국가들 전체에 다양한 이름으로 전파된 이 모델은 결국 선진 복지국가라는 이미지를 북유럽에 안착시키는 결과로 이어졌다.

북유럽 국가는 남녀평등 의식이 높기로 유명하지만 사실 19세기만 해도 다른 나라들과 크게 다르지 않았다고 한다. 그러나 개방적인 인식과 사회 전체의 노력으로 현재의 수준에 오를 수 있었는데, OECD(경제협력개발기구)에 따르면 북유럽 국가의 여성 경제 참여율은 세계 최고 수준이라고 한다. 스웨덴 의회와 내각의 여성 점유 비율은 50퍼센트로 거의 불문율처럼 정례화되어 있고, 부모는 자녀 출산을 전후로 450일의 출산 및 양육 휴가를 받는다. 이 동안에는 월급의 80퍼센트를 부모 수당으로 받는데, 양육 휴가 기간은 여자만이 아닌 부부가 함께 나눠 쓸 수 있다. 노르웨이에서는 여성의 군 복무를 의무화하고 있으며, 공기업과 사기업 임원의 40퍼센트를 여성에게 할당하는 법을 세계 최초로 도입하기도 했다.

지폐 도안에서도 이런 경향을 그대로 보여준다. 현대의 수많은 예술가 중에도 여성이 도안에서 차지하는 비중이 높다. 《닐스의 이상한 여행》으로 널리 알려진 스웨덴 여류 소설가 셀마 라겔뢰프, 《말괄량이 삐삐》의 작가 아스트리드 린드그렌, 《아웃 오브 아프리카》의 작가 카렌 블릭센이 모두 그 주인공이다. 덴마크의 부부 화가 안나 앙케와 미카엘 앙카, 스웨덴 출신의 미국 영화배우 그레타 가르보와 노르웨이의 오페라 가수 크리스틴 클라그스타, '스웨덴의 꾀꼬리'라 불리는 예니 린드 역시 지폐 속에서 반짝반짝하다. 지폐 인물이 된 여성 작가와 영화배우, 가수, 화가. 이를 우리나라의 인물로 대입해보면 얼마나 놀라운 현상인지 짐작할 수 있으며, 그 현상이 낯선 우리나라 상황에 조금은 서운함이 느껴지기도 한다.

100크로나(그레타 가르보), 2016년 발행

현대 북유럽은 학술, 문화, 예술 각 방면에서 다양한 인물로 세계를 수놓는다. 지폐는 남녀를 막론하고 이 시기의 인물로 넘쳐나며 북유럽의 세계를 향한 도약과 그 반짝거림을 보여준다. 이케아를 비롯해 레고, 볼보, H&M, 로열 코펜하겐, 일렉트로룩스, 칼스버그 등 이름만 들어도 쟁쟁한 기업들의 활약상이 그 뒤를 받친다. 앞으로 그들의 나아갈 길이 더욱 기대되는 대목이며, 그렇기에 우리가 대부분 '관광'의 대상으로 바라보는 '저 북쪽 유럽 너머에 있는 그 어딘가 아름답고 신비한 자연' 이상으로 그들의 삶과 역사에 관심이 필요한 까닭일 것이다.

도나우강과 함께 흐른 역사

오스트리아·헝가리

유럽에는 수많은 강이 있다. 로마제국은 이 강들을 길로 삼아 정복하고 문명을 뻗어 나갈 수 있었고, 중세의 귀족들은 강변의 전망 좋은 언덕마다 성을 남겨 그 시절을 기억하게 한다. 중부 유럽은 특히 그렇다. 알프스 북부 산지에서 발원해 독일, 오스트리아, 헝가리 등을 지나 발칸반도의 루마니아를 통해 흑해로 흘러가는, 8개국을 도도히 흐르는 강, 도나우. 영어로는 다뉴브로 불리는 이 강이 유럽 역사와 문화에 남긴 유산은 엄청나다.

도나우강 양쪽 기슭에 자리잡은 각국의 도시들 역시 마찬가지여서, 강 상류의 종착점인 오스트리아의 수도 빈은 그 자체가 역사다. 헝가리의 수도 부다페스트는 일명 '도나우강의 진주'로 불린다. 이들 중부 유럽의 국가는 역사가 얽히고설켜 있다. 헝가리왕국과 오스트리아 대공국, 신성로마제국, 합스부르크제국과 오스트리아-헝가리제국 등등 영토와 명칭 역시 복잡하게 중첩되어 있고, 역사는 시각에 따라 평가가 제각각이다.

도나우도 그렇다. 도나우강 하면 보통은 밝고 흥겨운 '제국' 오스트리아의 도나우를 떠올리기 쉽지만, 오스만이나 헝가리, 오스트리아의 지배 속에서 독립을 외친 '약소민족'의 〈도나우강의 잔물결〉 속의 도나우 역시 진실이다. 〈도나우강의 잔물결〉을 작곡한 이오시프 이바노비치는 낯설다. 더구나 루마니아 군악대장 출신이라니.

이 멜로디는 윤심덕의 〈사의 찬미〉 덕분에 우리에게 친숙하다. 일제 강점이 한창 진행 중이던 1926년, 우리나라 최초의 여성 성악가 윤심덕은 이 곡조에 자신이 만든 가사를 얹어 번안 가요 〈사의 찬미〉를 발표했다. 몹시 서글프게 들리는 멜로디는 그의 비극적인 삶을 다룬 영화와 드라마 때문에 더욱 유명해졌다.

이렇게 장엄하면서도 흥겹고 아름다운 왈츠 곡을 들으며 심각해지거나 눈물 흘리는 사람이 우리나라 사람뿐일까? 20세기 초입에 제1, 2차 세계대전을 거치며 오스트리아와 헝가리로 분할 독립한 이들 국가가 사용해온 지폐의 도안은 그들이 역사에서 기억하고자 하는 것과 미래의 지향하는 모습을 어림해볼 수 있게 한다. 그것은 유럽 중부에 놓여 빛을 발하는 고색창연한 건축물들이나 도나우를 따라 펼쳐진 수려한 역사적 풍광을 더욱 깊이 있게 이해하는 열쇠가 되어준다.

역사와 예술의 결정체, 빈의 오스트리아

1세기 로마인이 성루를 건설하고 '빈도보나(경계 진지)'라 이름 붙인 것이 도나우의 상징인 '빈'의 기원이다. 로마제국 영역으로 여러 민족의 거주지가 된 빈 주변 지역이 '오스트리아'로 기록되기 시작한 것은 996년으로, 독일왕국 오토 1세(912~973)가 황제로 즉위하며 신성로마제국의 문을 연 지 30여 년 뒤였다.

사실 오스트리아 '빈' 하면 긴 이름의 사람과 생소한 땅으로 얽힌 복잡한 중세 유럽 역사가 직관적으로 떠오르지는 않는다. 그보

20실링(요제프 하이든), 1950년 발행

5천 실링(볼프강 아마데우스 모차르트), 1988년 발행

다는 격이 다른 차원의 클래식 음악가들과 명실공히 유럽 최고의 명문가로 자부하는 합스부르크 가문이 먼저다. 음악의 천재 모차르트, 교향곡의 아버지 하이든, 악성 베토벤, 그리고 가곡의 왕 슈베르트의 대표곡들 모두 빈이 고향이다. 빈 곳곳에서 음악가들의 조각상을 볼 수 있고, 그들의 이름을

따서 지은 거리와 공원, 극장 등을 쉽게 찾을 수 있는 까닭이다.

지폐 역시 특별하다. 특히 350유로(50만 원) 가치를 가진 오스트리아 5천 실링권은 모차르트라는 도안도 그렇지만, 매우 희귀해서 수집가들 사이에 가장 인기 많은 지폐라고 한다. 이런 오스트리아 자부심의 원천인 음악가들은 요제프 2세(1741~1790) 시대를 배경으로 활동했다. 어머니 마리아 테레지아(1717~1780)에 이어, 30년전쟁과 오스트리아 왕위 계승 전쟁, 7년전쟁 등으로 막대한 영토를 잃고 서서히 쇠락해가던 제국을 다시 일으키려 한 계몽전제군주의 치열한 시절이었다.

사실 빈에 영향력을 행사한 최초의 왕가는 합스부르크가 아니다. 본래 오토 1세가 바벤베르크 가문에 하사하며 200여 년 통치가 이어졌으나 1246년 마지막 대공이 마자르족과의 전투 중에 피

살되면서 혼란이 시작되었다. 당시 신성로마제국 황제를 선출하던 선제후들은 세력의 균형을 위해 한미한 가문 출신을 황제로 앉히려 했고, 스위스를 중심으로 시작한, 당시만 해도 듣지도 보지도 못한 가문이었던 합스부르크의 백작 루돌프 4세가 1273년 신성로마제국 황제 루돌프 1세로 선출된다. 5년 뒤 보헤미아와의 전쟁에서 승리하며 600여 년에 걸친 오스트리아 통치를 시작한 합스부르크가 결국 1437년부터 제국 멸망까지 줄곧 신성로마제국의 황위를 유지하는 가문이 될 줄 누가 알았을까.

1453년, 신성로마제국 황제 프리드리히 3세가 오스트리아 공국을 대공국으로 승격시켰다. 영국과 프랑스는 상당한 출혈 끝에 백년전쟁을 마무리하고, 비잔티움제국 수도 콘스탄티노폴리스가 오스만 메메트 2세에게 함락당한 해였다. 합스부르크의 전성기가 시작되기 더없이 좋은 시절이었다. 막시밀리안 1세는 정략결혼을 통해 부르고뉴공국과 헝가리, 보헤미아 등을 제국으로 편입시켜 영향력을 키운다.

그의 손자 카를 5세 시기에 합스부르크 왕가는 네덜란드(현 네덜란드와 벨기에), 에스파냐와 해외 식민지 전역, 이탈리아의 시칠리아와 사르데냐, 나폴리왕국을 영토로 삼았다. 전쟁이 아닌 혼인의 결과 유럽의 맹주는 카를 5세였다. 하지만 물리적으로 엄청난 규모의 영토를 홀로 통치하는 한계를 깨달았을까? 1556년 퇴위를 결정한 카를 5세는 에스파냐 왕위는 아들 펠리페 2세, 오스트리아 대공은 동생 페르디난트 1세에게 넘겨주고 상대방의 왕위를 세습하지 못하게 한다. 합스부르크가 두 계열로 나뉜 것이다.

오스트리아 대공 페르디난트 1세가 헝가리와 보헤미아의 왕, 신성로마제국의 계승자가 되면서 일명 '합스부르크제국'이 시작된다. 카를 5세 퇴위 후 근 200년 뒤인 1762년, 제국의 중심지 빈의 쇤브룬궁전 거울의 방. 당시 6살의 음악 천재 모차르트는 그곳에서 피아노를 연주했고, 미래의 프랑스 왕비 마리 앙투아네트가 될 마리아 안토니아 공주에게 청혼했다.

유럽에서 길이가 가장 긴 강은 러시아 서부를 흐르는 볼가강이고, 도나우는 두 번째다. 하지만 '유럽의 강' 하면 도나우가 떠오르는 것은 어쩌면 요한 슈트라우스 2세의 왈츠 덕분인지도 모른다. 실제로는 그렇게 푸르지 않은 강이지만 곡만큼은 아름답고 푸르기 그지없는 1867년 2월 초연된 〈아름답고 푸른 도나우〉는 사실 오스트리아의 국위 진작을 위해 만들어졌다고 한다.

1866년 6~7월, 오스트리아와 프로이센 사이에 전쟁이 벌어졌다. 역사는 이를 '프로이센-오스트리아 전쟁'이라 부른다. 19세기 당시 '독일'(현재 독일보다 광범위한 의미)의 정치 지형은 합스부르크왕조의 오스트리아제국과 호엔촐레른왕조의 프로이센왕국이라는 두 강국에 다수의 중소 국가가 연립한 형태였다. 양국은 모두 자국 중심의 통일을 원하고 있었는데, 당시 오스트리아는 다민족 연합 국가로 이를 포기할 생각이 없었다. 살아 있는 역사로 자부하는 합스부르크 역시 호엔촐레른 가문 아래로 들어갈 생각은 전혀 없었다. 다민족국가 오스트리아를 중심으로 하는 대(大)

독일주의와 단일한 독일인만으로 이루어진 국민국가를 건설하자는 프로이센 중심의 소(小)독일주의로 나뉠 수밖에 없던 이유였다. 이 둘의 대립은 결국 프로이센–오스트리아 전쟁으로 이어졌고, 오스트리아는 패배했다.

당시 빈 남성합창단의 지휘자였던 요한 헤르베크는 암울한 나날을 보내던 오스트리아 국민에게 위로와 희망을 북돋워 줄 합창곡을 요한 슈트라우스 2세에게 의뢰했다. 그 유명한 빈 체제의 외교관 메테르니히가 총리로 있던 시절, 1825년 요한 슈트라우스 2세는 빈에서 태어났다. 그의 형제 모두는 아버지 슈트라우스 1세와 마찬가지로 음악가였다. 요한 슈트라우스 2세는 독일 시인 칼 베크의 시 구절 "도나우강 위에/ 아름답고 푸른 도나우강 위에"에서 음악적 영감을 얻어 합창곡을 작곡한다. 이후 관현악곡으로 개작해 파리만국박람회의 개관 기념 연주에서 직접 지휘했을 때 받은 열광적인 호응은 기대 그 이상이었다. 급기야 '왈츠의 왕'이라는 칭호를 얻은 요한 슈트라우스 2세. 〈아름답고 푸른 도나우강〉은

100실링(요한 슈트라우스 2세), 1960년 발행

그의 대표작이 되었을 뿐 아니라 오스트리아 제2의 애국가라고까지 여겨진다.

이런 도나우에 관한 일련의 서사는 음악 자체만이 아닌, 통일에 아쉬웠던 오스트리아인들의 마음이 더해졌기에 특별하게 다가오는지도 모른다. 프로이센-오스트리아 전쟁에서 승리한 철혈재상 비스마르크의 프로이센은 앞으로 프랑스와의 전쟁에서도 승리하며 독일 통일의 주역이 될 것이었다. 반면 패배한 오스트리아는 독일 연방의 해산과 함께 통일 운동에서 밀려난다. 그뿐 아니라 근 400년 가까이 오스트리아의 지배 아래에 있던 헝가리가 줄기차게 요구해오던 독립도 더는 무시할 수 없는 상황에 이른다.

도나우강의 진주

도나우강은 헝가리를 지날 때 같은 지점의 양쪽 기슭에 두 개의 도시, 부다와 페스트를 낳았다. 서쪽 기슭의 부다는 산으로 성을 쌓은 듯 언덕이 많고, 동쪽 기슭의 페스트는 평탄하고 단조로운 평야가 많다. 두 도시는 나름의 독특한 역사를 품고 있지만 결국 하나가 되었고, 세체니, 엘리자베트 다리를 비롯한 아홉 개의 다리가 이들을 잇고 있다.

'도나우강의 진주' 부다페스트를 품고 있는 헝가리는 중앙아시아 서쪽에서 건너온 마자르족이 896년에 정착하며 역사를 시작했다. 헝가리도 그리스처럼 국왕이나 독립운동가 같은 민족주의적인 인물이 지폐 도안으로 사용되고 있기 때문에 지폐 도안 속의 인물만 따라가도 헝가리 역사의 맥락을 짚을 수 있다.

서유럽 국가를 침략했다가 오토 1세에 패한 헝가리는 이슈트반 1세(975~1038) 시기에 가톨릭 국가가 되며 확고하게 자리잡는다. 1000년, 그는 로마교회와 신성로마제국 황제로부터 왕의 칭호를 받아 헝가리의 첫 국왕으로 즉위하며 헝가리왕국을 세웠다.

헝가리인들에게 이슈트반 1세는 특별하다. 일명 '성 이슈트반 왕관'이라 불리는 그의 왕관은 헝가리 국장에 그려 있는데, 헝가리의 국권 그 자체를 상징한다. 헝가리 건국기념일은 그가 로마가톨릭 성인이 된 8월 20일로, 웅장하기로 이름난 부다페스트의 성 이슈트반 대성당과 1만 포린트의 지폐 도안 역시 헝가리왕국을 세운 그를 기억하는 헝가리인들의 마음을 보여준다. 비록 1526년부터 삼분할 되며 합스부르크에 지배받는 부침이 있었으나, 결국 1000년부터 1946년까지 존재했던 왕국의 시작점이 된 이슈트반 1세를 향한 헝가리인들의 애틋함은 이해되고도 남는다.

1만 포린트(이슈트반 1세), 1997년 발행

1천 포린트(마차시 1세), 1998년 발행

러요시 대제라 불리는 러요시 1세와 함께 헝가리왕국을 대표하는 국왕 마차시 1세(1443~1490). 16살 때 헝가리 왕위에 오른 그는 '르네상스 군주'라는 칭호를 얻은 인물답게 다방면으로 재능을 발휘했다. 12개 국어를 능숙하게 말했고, 예술을 옹호해 그의 치세 동안 예술과 건축업이 크게 부흥했다. 최초로 책이 출판된 부다는 알프스 북쪽 동유럽에서 르네상스 문화의 중심이 되었고, 중세 헝가리 최후의 황금기를 장식했다.

마차시 1세는 일류 행정가이면서 군인이었다. 왕위를 둘러싼 내전과 몽골의 침략으로 피폐해진 헝가리를 탁월한 통치력과 군사적 역량으로 단단하게 만들었다. 군대를 세 배로 늘리고 상비군을 조직해 당시 압박해오던 오스만제국의 침략을 격파했다. 보헤미아, 오스트리아 등 유럽 주변국을 성공적으로 공략해 영토 확장에 성공하며 헝가리를 중유럽 최강의 국가로 육성해낸다.

그러나 왕권을 강화하고 중앙집권체제를 이루는 과정에서 귀족들의 불만을 샀고, 각 주에 막대한 세금을 부과하면서 백성들의 원성은 커졌다. 오스만제국이 아닌 서유럽 정복에 매달려 1474년

10포린트(페퇴피 샨도르), 1947년 발행

과 1476년 오스만제국이 침입했을 때 유럽의 도움을 기대할 수도 없었다. 끝내 정당한 후계자를 얻지 못한 마차시 1세가 질병으로 사망한 30여 년 뒤인 1526년, 모하치전투에서 오스만제국의 대제 술레이만에 대패한 헝가리는 나라가 분할되는 비극을 겪어야 했다. 400년 오스트리아 합스부르크 지배의 시작이었다.

2023년은 헝가리 사람이라면 남녀노소를 불문하고 모두가 사랑하는 헝가리 시인 페퇴피 샨도르(1823~1849) 탄생 200주년이었다. 소상인의 아들로 태어나 가난 속에서 자란 그는 〈술꾼〉이라는 시로 19살 때 문단에 등장했다. 페트로비치 대신 페퇴피라는 필명으로 활동한 그가 아내를 위해 쓴 서정시 〈9월 말에〉는 지금도 많은 이들이 즐겨 읊는 아름다운 대중 시다. 민족주의를 기반으로 이해하기 쉽고 단순한 민중 언어로 일상생활의 어려움을 풍자와 해학으로 표현한 이 작품뿐만 아니라 그는 800여 편의 서정시와 8편의 장편 서사시, 80여만 자의 소설과 정론, 희극, 여행기 등을 남겼다.

1848년, 루이 필리프의 7월 왕정을 무너뜨린 프랑스 2월혁명이 일어났다. 프랑스에서는 나폴레옹 3세의 등장으로 귀결되고 말았지만, 2월혁명이 불러일으킨 자유주의의 열기는 중유럽에 역사의 물줄기를 바꿀 정도였다.

특히 오스트리아제국의 수도 빈에서는 3월 13일 자유주의 정치 체제를 요구하는 노동자들과 학생들의 대규모 시위가 발생했다. 빈 체제의 상징과도 같던 메테르니히를 실각시킨 사건이었다. 이는 오스트리아의 통치 아래 있던 헝가리에도 영향을 준다. 3월 14일, 페퇴피를 비롯한 봉기 지도자들은 페스트의 한 카페에 모여 시위에 관해 의논하며 12개 조항을 만들었고, 페퇴피는 시위에 사용할 시 〈민족의 노래〉를 썼다.

"일어나라 헝가리인이여, 조국이 부른다!/ 지금이 때이니, 지금 아니면 더는 기회 없으리!/ 노예가 되려는가, 아니면 자유인이 되려는가./ 이를 묻노니, 그대들이여 선택하라!/ 헝가리의 하느님께 우리 맹세하네/ 우리 맹세하네, 더이상 노예가 되지 않겠노라고!"

3월 15일 저녁, 세계를 놀라게 한 헝가리 3월혁명이 시작되었다. 민족박물관 앞에 모인 1만여 명의 시위자들 앞에서 페퇴피는 〈민족의 노래〉를 낭독했다. 우레와 같은 시위대의 외침이 순식간에 부다페스트를 점령했고, 부다페스트는 유럽 혁명의 중심이 되었다.

1849년 4월, 헝가리 의회는 독립선언을 통과시키고 공화국을 세웠다. 법률적으로나 실질적으로 봉건 의무를 완전히 떨쳐버린 나라가 된 것이다. 부다페스트의 시위로 헝가리를 포기했던 오스트리아 황제는 제정러시아의 니콜라스 1세와 의기투합했다. 당시 인구 500만 명에 불과했던 헝가리에 34만 명에 이르는 러시아-오스트리아 연합군이 투입된 이유였다. 직접 무기를 들고 전투에 참전한 페퇴피는 28세의 짧은 생을 마친다.

그로부터 20여 년 뒤 〈아름답고 푸른 도나우〉가 초연된 그해, 오스트리아와 헝가리 사이에는 '대타협'이 이루어졌다. 오스트리아 황제를 통일 원수로 내세운 이원화된 정치체제를 가진 오스트리아-헝가리제국의 탄생이었다. 외교와 국방은 공동의 문제로 지정되어 공동의 장관에게 위임되었다. 헝가리는 영토상 통일을 회복했고 내정상의 독립을 되찾았다. 3월 의회는 타협을 승인했고, 프란시스 조셉은 1867년 헝가리 법률을 왕으로서 승인했다. 완전한 독립을 목표로 했던 이들의 반발은 물론 거셌다.

이런 타협이 결국 미봉책에 불과했음은 오스트리아 황위 계승자에게 제1차 세계대전의 방아쇠를 당긴 '사라예보 사건'을 통해 적나라하게 드러났다. 오스트리아-헝가리제국은 당시 러시아에 버금가는 유럽 제2의 대국이었고, 러시아와 독일제국을 잇는 제3의 인구 대국이었다. 하지만 민족 봉기와 사소한 분쟁이 끊이지 않았고, 이것은 결국 제국을 멸망으로 이끌었다. 제1차 세계대전이 끝난 1918년 오스트리아-헝가리제국이 해체되며 각각 공화국으로 탄생했다.

오늘날 헝가리는 3월 15일을 국경일로 지정해 1848년 혁명과 자유 전쟁을 기념한다. 매년 이날이 되면 부다페스트에서는 거리와 골목마다 빨강, 하양, 초록의 삼색 국기가 내걸리고, 여러 곳의 기념 장소에 모인다. 페스트의 중심, 도나우강변에 있는 페퇴피 동상 앞도 기념식이 열리는 장소다.

합스부르크, 추방되다

1919년 4월 3일 오스트리아공화국 국민의회가 "가계와 관계를 완전히 끊고 왕권과 재산권을 포기하는 서약서에 서명하지 않는 한 합스부르크 일족의 입국은 허가하지 않는다"라는 황제일족추방법, 일명 합스부르크법을 통과시켜 합스부르크 일족을 오스트리아 영지에서 추방했다. 1921년 11월 3일 헝가리 의회 역시 카를 1세의 군주로서 지위를 취소하는 법령을 선포했다. 결국 황제는 모든 권리를 박탈당한 채 가족들과 함께 스위스로 망명했고, 이로써 1278년부터 이어진 합스부르크왕가도 끝나고 말았다. 오

1천 실링(에르빈 슈뢰딩거), 1982년 발행

500실링(로자 마이레더), 1997년 발행

늘날 합스부르크가의 후예 가운데 일부는 오스트리아와 리히텐슈
타인, 독일 등지에 살고 있다고 한다.

오스트리아가 공화국을 택해서일까, 오스트리아 지폐 도안 속
에는 왕가의 인물이 등장하지 않는다. 대신 음악가들과 함께 오토
콜로만 바그너(1841~1918)와 같은 건축가, '슈뢰딩거의 고양이'
로 유명한 물리학자 에르빈 슈뢰딩거(1887~1961), 심리학자 지
그문트 프로이트(1856~1939), 사회운동가이자 예술가인 로자 마
이레더(1858~1938)처럼 19~20세기 예술, 문화, 과학, 사회 방
면에 업적을 이룬 이들이 대부분이다. 과학, 음악, 예술의 힘을 드
러내고자 하는 오스트리아인들의 마음이 보인다고 할까.

이는 같은 합스부르크왕가가 이어진 이베리아반도의 에스파냐
와는 사뭇 다른 선택으로, 역사가 흐르는 방향은 인간이 예측하기
힘들고, 그래서 더 흥미로운지도 모른다.

이베리아, 눈부신 제국의 기억

에스파냐·포르투갈

이베리아반도의 관광 대국들, 특히 에스파냐의 경쟁력은 '태양의 나라'라는 별칭답게 햇빛 가득한 천혜의 자연환경이라는 매력에 있다. 늦은 시간 큰 어려움 없이 시내를 활보할 수 있게 해주는 에스파냐인의 밝고 유쾌한 분위기 역시 그럴 것이다. 그러나 무엇보다 이들이 세계인을 끌어들이는 힘은 문화 경관에서 나온다.

　사실 에스파냐와 포르투갈은 유럽의 중앙이 아닌 주변, 즉 서쪽의 끝 이베리아반도에 있다. 모든 반도가 대개 그렇지만 이베리아반도는 더욱 섬과 같다. 북동쪽은 피레네산맥이 그 너머에 있는 프랑스와 경계를 이루고, 사면은 모두 바다다. 육로로 봐서는 고립되고 폐쇄적일 수 있는 위치. 그런 이베리아에 바다는 다른 세상과 통하는 열린 문이었다. 페니키아, 그리스, 카르타고, 로마 그리고 이슬람교도까지 다양한 민족이 지중해를 통해 이베리아반도로 들어왔고, 근대의 대서양은 이베리아인에게 새로운 항로 개척의 무대가 되었다.

　'구석기 예술의 시스티나 성당'이라 불리는 알타미라동굴부터 시작해, 유럽 가톨릭 국가임에도 거의 800년 동안 이슬람 지배를 겪어낸 이곳에는 빈번하게 침입해온 이민족의 문화를 포용하며 창조해낸 독특한 문화 유적이 넘친다. 특히 신항로 개척 이후 아프리카와 아메리카를 세계사 속으로 끌어들인 뒤 쓸쓸하게 쇠락을 맞으며 현재까지 온 길 위에는 환희와 절망이 함께한다. 다른 유럽 국가에서는 좀처럼 보기 힘든 역사가 그들만의 지폐에 새겨진 까닭이다.

현재는 둘 다 유로존에 포함되어 2002년부터 유로화를 사용하고 있지만, 한때 에스파냐 화폐 '페세타'와 포르투갈의 '에스쿠도'는 대양을 누비며 유럽만이 아닌 전 세계를 질주했다. 지폐 도안에는 그들의 태양처럼 눈부신, 찬란한 시절에 대한 기억들로 가득하다.

반도를 경영한 이베리아의 이민족들

프란치스코 하비에르(1506~1552)는 나바라왕국(현 에스파냐 바스크) 하비에르 출신의 가톨릭 선교사다. 이냐시요의 로욜라와 함께 예수회를 창설했는데, 포르투갈 왕 주앙 3세가 발탁한 인도 선교사가 되었다. 출발 1년여 만인 1542년 인도 고아에 도착해 활발한 선교활동을 펼친 그는 일본에 최초로 가톨릭을 전했다.

하비에르의 고국 에스파냐는 역사적으로 로마가톨릭과 떼려야 뗄 수 없는 나라다. 로마시대에 유입된 가톨릭은 이슬람교도로부

터 국토를 다시 회복한 '레콘
키스타(국토회복운동)'를 성
공으로 이끈 동력이었고, 종
교개혁으로 신교 세력이 대
륙에서 확산일로에 있을 때
그에 맞선 에스파냐가 재정
을 갈아 넣으며 막아내게 한

25페세타(프란치스코 하비에르), 1926년 발행

힘이었다. 유럽에서 에스파냐가 '가톨릭교회의 장녀'라고 불린
이유였다.

　이베리아의 역사는 반도를 거쳐 간 이민족의 역사라고 해도 과
언이 아니다. 저 멀리 켈트족부터 시작해, 뛰어난 항해술로 지중
해를 누빈 페니키아가 기원전 1100년경 이베리아반도 남부 연안
에 도착했다. 서유럽 최초의 도시 카디스가 건설된 것이 이때다.
그리스 역시 반도에 식민도시를 건설했다. '이베리아'라는 단어
는 고전 그리스어에 기원을 둔다. 이베리아가 켈트의 농경문화에
서 지중해, 즉 항해 중심 문화로 변신했다는 점에서 페니키아, 그
리스의 반도 경영은 중요한 의미가 되었다.

　카르타고와 로마가 이 둘을 뒤잇는다. 에스파냐의 최대 항구도
시이자 지중해에서 가장 큰 도시 바르셀로나를 세운 카르타고인.
그들의 제국은 오늘날의 튀니지에서 아프리카 북부 해안을 따라
지브롤터해협까지 뻗어 있었다. 하지만 신흥국가 로마와 100년
이상 치른 포에니전쟁에서 패배해 지중해 패권을 빼앗겼고, 이베

리아에 대해서도 마찬가지였다.

비록 200년이 넘는 저항이 있었으나 이베리아 역시 로마화의 길을 걸었다. 로마와 다름없이 건물과 도로가 건설되었고, 주민들은 로마 시민권을 받았다. 700여 년간 법령, 예술, 문화, 정치, 사회 제도가 변화했으며, 심지어 트라야누스, 하드리아누스, 마르쿠스 아우렐리우스, 테오도시우스 같은 로마제국 황제가 배출되기도 했다. 에스파냐라는 국명이 로마 라틴어식 표현인 '히스파니아'에서 온 것처럼 여러 언어는 라틴어의 영향 속에 생겨났다.

가장 결정적인 로마화는 가톨릭에 의한 사상 통합이었다. 예수의 제자 중 산티아고(성 야고보)는 이곳에 본격적으로 가톨릭이 전파될 계기를 주었고, 에스파냐 수호 성자가 되어 그 유명한 산티아고 순례길을 남겨 놓았다. 1천 년이 넘는 세월 뒤의 하비에르는 그의 삶을 따라 아시아에 가톨릭을 전파한 예수회 선교사였다.

이슬람, 끌어들이고 정복하다

에스파냐 그라나다에는 유명한 알람브라궁전이 있다. '붉은 요새'라는 이름처럼 붉은 벽으로 둘러싸여 평범해 보이는 외관이지만, 내부로 들어갈수록 섬세하면서도 화려한 아름다움이 한껏이다. 이곳이 에스파냐 역사 경관에서 값진 이유는 이슬람 건축의 진수를 맛볼 수 있기 때문이다. 유럽 땅에 이슬람 건축이라니 의

25페세타 뒷면(알람브라궁전의 사자의 정원), 1954년 발행

100페세타 뒷면(알람브라궁전의 헤네말리페 여름궁전), 1970년 발행

아할 만도 하지만, 그라나다는 이베리아의 이슬람 최후 왕조 나스르왕국(1232~1492)이 있던 곳이다. 알람브라는 무함마드 1세의 수도 건설과 함께 100여 년(1238~1358) 동안 지어졌다고 한다.

　7세기 초 아라비아반도에서 무함마드가 창시한 이슬람교는 북아프리카 일대까지 정복했다. 지브롤터해협 바로 앞까지 올라온 이슬람교도들은 711년 이베리아반도로 넘어왔는데, 사실 이베리아가 스스로 문을 연 것과 다름이 없었다. 그때 지배자는 게르만 서고트족으로, 왕과 귀족 간 마찰이 끊이지 않던 권력 다툼 속에 이슬람교도에게 도움을 청한 것이다.

　이슬람군은 로마가 건설한 도로를 따라 신속하게 북부로 진격했다. 북서쪽 고산지대를 제외한 반도 대부분을 점령한 뒤 '알-안달루스'로 이름 붙인 이곳의 수도는 코르도바가 되었다. 코르도바 칼리파토(칼리파국)의 후우마이야왕조(756~1031) 시기 코르도바는 서부 지중해 지역 중 가장 큰 도시이자 이슬람 문화의 중심지였다. 당시 학문과 예술로 이슬람 황금시대를 이끌던 아바스왕조(750~1517)의 도시 바그다드와 경쟁할 정도였다.

　그러나 시간이 지날수록 모사라베(이슬람 지배 아래의 기독교인)의 저항이 강해지며 카스티야나 아라곤, 포르투갈 같은 가톨릭 왕국들이 세워졌고, 후우마이야는 내분 끝에 작은 타이화(부족) 왕국들로 분열되었다. 왕조 멸망 후 나뉜 타이화 왕국들은 무려 25개로, 부와 세력 모두 천차만별이었다. 결국 나스르왕국을 제외한 이들은 가톨릭 왕국에 정복되어 소멸해갔다.

1천 페세타(아라곤 페르난도 2세&카스티야 이사벨 1세), 1957년 발행

이사벨 1세는 카스티야의 후안 2세와 이사벨 왕후 사이에서 출생했다. 여왕은 아라곤 왕자 페르난도와 1469년 바야돌리드에서 결혼했는데, 이들의 결혼은 강화될 왕권을 염려한 귀족들의 눈을 피해 비밀리에, 순식간에 이루어졌다고 한다. 카스티야와 아라곤의 정치적 통일을 이룩하며 현 에스파냐의 기초가 될 연합 왕국을 이루어내고, 레콘키스타를 완성할 '가톨릭 왕'들의 탄생이었다.

그들에 의해 알람브라궁전이 포위되기 시작한 1491년, 8개월의 저항 끝에 나스르왕조의 마지막 왕 보압딜은 항복했다. 1492년 1월 2일 가톨릭 왕들이 알람브라궁에 입성할 때까지 722년 코바동가전투에서부터 770년에 이르는 가톨릭교도의 재정복이었다. 영토를 빼앗기는 데는 7년으로도 충분했지만 되찾는 데는 700년이 넘게 필요했던 셈이다. 아프리카로 쫓겨 간 보압딜은 평생 알람브라궁전을 그리워했다고 한다.

십자군이 세운 나라

포르투갈은 카스티야왕국에서 분리 독립해 세워진 국가다. 명칭은 '포르투스 칼레'에서 유래되었다고 하는데, 이슬람교도 때문에 황폐해진 남부 지방을 재조직하는 데 중요했던 도시 '포르투'의 라틴어에서 왔다.

포르투갈은 십자군이 세운 나라다. 중세 유럽의 십자군은 11세

1천 에스쿠도(아폰수 1세), 1942년 발행

기경 지중해 너머 예루살렘 탈환을 위해 원정을 떠난 사람들만이 아닌 무슬림이 지배하던 이베리아반도를 전쟁터로 여기고 건너온 사람들 역시 가리킨 이름이다. 그중 백미는 부르고뉴의 엔히크다. 유명한 와인 산지인 프랑스 부르고뉴 출신인 엔히크는 자신의 왕국을 세우겠다는 야망을 품고 레콘키스타에 참전했고 능력까지 출중해 카스티야 왕의 사위가 된다. 결국 그의 아들대인 1139년 포르투갈왕국을 세우고 보르고냐왕조(1139~1383)를 여는 데 성공한다.

포르투갈 최초의 국왕 아폰수 1세(1109~1185)는 포르투갈 역사상 가장 빛나는 승리로 기억되는 오리케전투에서 이슬람교도들을 대파함으로써 이름을 떨친다. 교황청의 공인을 얻은 유럽의 왕국 중 하나가 될 때까지 레콘키스타에 전념한 1천 에스쿠도의 주인공이었다.

1249년 아폰수 3세가 포르투갈의 마지막 이슬람 거점이던 파루(현 알가르브)를 함락시키면서 현 국경의 기초를 형성하고, 동시

에 레콘키스타를 마무리 지은 보르고냐왕조. 그 끝은 페르난도 1
세가 딸 베아트리스만 남기고 사망하며 찾아왔다. 이제 왕위는 사
위인 카스티야의 후안 1세에게 넘어갈 처지가 된다.

대서양 시대를 연 이베리아인

　250년 가까이 카스티야로부터 독립해 이베리아의 다섯 왕국인
카스티야, 아라곤, 나바라, 포르투갈, 이슬람교도 왕국 중 하나로
성장한 포르투갈인들은 다른 선택을 한다. 코르테스(현재의 국회
격)가 소집되어 페르난도의 서자 동생인 주앙을 국왕으로 선출한
것이다. 잉글랜드와 동맹을 맺고 카스티야에 승리를 거두면서 새
로운 왕조가 열렸다. 주앙 1세가 속한 기사단의 이름을 딴 아비스
왕조(1385~1580)였다. 이 시대는 다른 어느 포르투갈 역사보다
잘 알려져 있다.

　우리에게는 주앙 1세보다 그의 셋째아들이 더 익숙하다. 항해
왕자 엔히크(1394~1460). 이후 유럽사에서 경쟁적으로 열릴 '신
항로 개척' 또는 '지리상의
발견'에 관한 모든 설명은 대
부분 그로부터 시작되기 때문
이다. 그러나 그가 항해자와
지도 제작자의 모임을 주관하

1만 에스쿠도(항해 왕자 엔히크), 1996년 발행

고 선박과 항해 장비 개량, 과학 연구 장려에 큰 역할을 했다는 등의 내용은 사실과 거리가 있다고 한다.

엔히크는 오히려 1415년 포르투갈이 세우타를 공략할 때 이를 지휘한 이후로 아프리카에서 포르투갈의 식민지 개척을 조직화하는 데 중요한 역할을 했다. 이 시기 포르투갈의 모험가들은 마데이라제도 발견부터 14차례가 넘는 시도 끝에 마의 벽 보자도르곶을 넘는 데 성공한다. 이후 아프리카 중부 기니만에서 만난 수많은 왕국은 상아, 황금, 노예 등으로 포르투갈에 막대한 이득을 안겨주었다.

유럽 여행을 다녀온 둘째 형이 《동방견문록》을 들려주었으니 동방무역에 대한 꿈은 가질 수 있었겠지만, 엔히크에게는 아프리카 황금 무역 주도권 장악이 최대 목표였다. 배로 아프리카를 돌아 인도에 도달해 향신료 등 동방 산물을 구하는, 그동안 이슬람 이탈리아 상인이 독점해 막대한 이익을 남긴 동방무역에 포르투갈이 뛰어든 것은 엔히크 사후의 일이었다.

1488년 바르톨로메우 디아스가 아프리카 희망봉을 보았고, 10

5천 에스쿠도(바스쿠 다가마), 1995년 발행

5페세타(이사벨 1세와 크리스토퍼 콜럼버스), 1945년 발행

년 뒤 바스쿠 다가마는 희망봉을 돈 다음 인도양을 건너 인도 캘리컷에 도달했다. 1500년 페드루 카브랄 역시 인도로 항해하는 도중 폭풍을 만나 남아메리카 동부에 표착해 포르투갈령으로 삼는다. 나폴레옹 침략 때 포르투갈 왕실이 망명할 '브라질'이 될 곳이었다.

세계의 부에 접근하기 위한 최단 경로를 장악한 포르투갈 왕은 정기적으로 인도로 출항시켰고, 이들 선단은 향료제도와 중국 해안까지 도달했다. 향료 무역을 포르투갈이 얼마나 확고하게 장악했는지 1520년대에 이르면 베네치아인들까지도 포르투갈의 수도 리스본에서 후추를 구해야 할 정도였다. 16세기 마카오를 거점으로 향료와 은을 중국에 수출하고 중국산 비단과 생사, 도자기 등을 서구와 일본 등지로 수출하는 무역까지 독점한 포르투갈 해상제국. 그러나 아비스왕조의 영광은 오래가지 못했다. 1580년 에스파냐 펠리페 2세가 왕을 겸하며 형성된 이베리아 연합에 속하고, 독립까지는 60년이 필요했다.

본명보다 크리스토퍼 콜럼버스라는 이름으로 더 익숙한 크리스토발 콜론(1450~1506)은 이탈리아 제노바 출신이다. 지구가 둥글다고 확신해서, 대서양을 통해 인도로 갈 수 있다며 포르투갈 왕에게 지원을 요청했다. 그러나 희망봉 항로에 관심이 더 컸던 주앙 2세는 콜럼버스의 요청을 거절한다.

에스파냐로 온 콜럼버스는 가톨릭 왕들을 여러 차례 만났고 설득에 성공한다. 이사벨 여왕이 8년 동안 유럽을 떠돈 콜럼버스를 지원하기 위해 결혼할 때 가져온 패물까지 팔며 개인적으로 후원했다는 것은 공공연한 비밀이다. 물론 그래서 신대륙의 막대한 이득이 에스파냐로 들어왔을 때 덕을 본 쪽은 카스티야가 절대적이었지만 말이다. 레콘키스타가 완성된 1492년, 콜럼버스는 8월 3일 3척의 배를 이끌고 인도와 중국을 향해 서쪽으로 출항했다. 그 끝이 어디를 향해 있는지 그 당시에는 아무도 알지 못했다.

해가 지지 않는 제국, 해가 질 때까지

1571년 1월, 에스파냐 함대가 서유럽 최대의 적 오스만제국을 격파했다. 그리스의 레판토 앞바다에서 가라앉는 오스만 함대를 바라보며 신성동맹 총사령관이자 펠리페 2세의 이복형제인 돈 후안 데 아우스트리아와 유럽 해군은 "에스파냐 왕 펠리페 2세 만세!"를 외쳤다. 그 수많은 병사 중에 《돈키호테》의 작가가 있었다. 부상 후유증으로 평생 왼손을 쓰지 못해 '레판토의 외팔이'라고 불릴, 에스파냐 국민 작가 세르반테스였다.

레판토해전 이후 에스파냐의 위상은 유럽에서 무적함대의 명성과 함께 급상승했다. 해가 지지 않는 제국의 명성에 걸맞게 유럽 최초의 절대왕정을 구가하던 펠리페 2세. 그는 샤를마뉴대제 이후 나폴레옹 보나파르트 이전까지 약 1천 년 동안 유럽에서 가장 넓

500페세타(돈 후안 데 아우스트리아), 1940년 발행

100페세타(미겔 데 세르반테스&기념비), 1928년 발행

은 영토를 지배한 신성로마제국 카를 5세의 아들이었다.

이사벨 1세의 외손자로 미남왕 펠리페 1세와 광녀 후아나 사이에서 태어난 카를로스 1세(1500~1558)는 신성로마제국 합스부르크왕조 3대 황제 카를 5세의 다른 명칭이다. 에스파냐의 왕이지만 네덜란드에서 태어나고 자란, 에스파냐어를 모르는 카를 5세는 합스부르크왕조의 유전적인 결점인 튀어나온 긴 턱 때문에 음식을 씹을 수도 입을 다물 수도 없어 파리가 아무때나 입속으로 날아들었다. 젊은 왕은 수염을 길렀다.

에스파냐와 유럽의 주도권과 신대륙 통치권을 부여받은 카를 5

1천 페세타(카를 5세), 1925년 발행

세는 르네상스, 오스만의 유럽 침공, 종교개혁, 신대륙 정복 등 폭풍 같은 시대의 한복판에서 가톨릭 왕으로 버텨내야 했다. 멕시코와 볼리비아, 페루에서 금광과 은광 채굴로 엄청난 부가 들어왔지만, 그 대부분이 유럽을 로마가톨릭으로 통일하고 패권을 유지하는 데 사용된 이유였다. 신대륙에서 들어오는 금은보화를 외국 은행에 담보로 제공하고 돈을 빌려 오스만, 프랑스, 신교도와 끝없이 전쟁을 벌이면서 말이다. 재위 40년 동안 에스파냐에는 단 16년만 체류하면서 신성로마제국 황제로서 정책 수행에 집중했던 그의 행보, 특히 에스파냐 국익에 반대되는 막대한 전쟁 비용 지출에 에스파냐인들의 불만은 계속되었다.

그는 1555년 아우크스부르크 화의에서 신교도의 승리가 확정된 뒤 1555~1556년 동생에게 독일(오스트리아)제국을 양도했고, 아들 펠리페 2세에게 카스티야, 아라곤, 이탈리아 등을 양위한 뒤 수도원에 은거하다 쓸쓸한 죽음을 맞는다. 이후 합스부르크는 오스트리아와 에스파냐 계열로 나뉘며 완전히 다른 길을 걷는다.

카를 5세의 수많은 전쟁을 가능하게 한 것은 신대륙의 엄청난 부였다. 사실 콜럼버스가 가져온 얼마 안 되는 금은 그 자체로는 하찮았지만, 어딘가 황금 왕국이 있으리라는 기대를 심어주기에는 충분했다. 에스파냐 모험가들은 결국 자신의 탐욕스러운 상상력을 훨씬 뛰어넘는 벼락부자가 되었다.

1519~1521년 콩키스타도르(정복자) 에르난 코르테스는 600명에 불과한 유럽인 병사들로 멕시코의 아즈텍제국을 정복해 엄청난 부를 빼앗았다. 1533년 프란치스코 피사로와 180명의 병사는 고도로 중앙집권화된 잉카제국을 전복하고 금과 은을 약탈했다. 대포, 말 이상으로 그들의 점령을 도운 것은 전염병, 그리고 원주민의 내분과 배신이었다.

처음에는 금이 정복자들을 신세계로 끌어들였지만, 결과적으로 수지맞은 것은 은이었다. 16세기 중반 멕시코시티와 볼리비아 포

1천 페세타(에르난 코르테스, 신대륙 발견 500주년), 1992년 발행

100페세타(펠리페 2세&엘 에스코리알), 1925년 발행

토시에서 은광이 발견되었고, 놀라우리만큼 생산성 높은 이 광산들에서 나온 수익은 고스란히 에스파냐 왕실에 귀속되었다. 1590년대 최절정에 달했을 때 아메리카에서 들어온 은은 매년 약 283톤에 달했다고 한다. 50년 전만 해도 43톤에 불과했다고 하니, 유럽 전역에서 막대한 인플레이션을 일으킨 원인이 되기에 충분했다.

펠리페 2세(1527~1598)는 아버지와 달리 에스파냐에서 출생했다. 그의 시대 에스파냐는 유럽의 중심지로 역사상 최고 절정기였다. 특히 1580년 포르투갈을 합병하면서 아메리카에서 브라질, 아프리카와 아시아의 포르투갈령 전 영토까지 소유했다. 그의 이름을 따 '필리핀'이라 불리는 나라까지 존재하는, '그의 영토에는 해가 지는 날이 없다'라는 명성이 어울리는 최초의 왕이었다.

펠리페 2세의 신앙심 역시 아버지 못지않았다. 산킨틴전투에서 프랑스에 거둔 승리를 기념하기 위해 건축을 지시한 엘 에스코리알궁. 교회이자 수도원, 도서관, 박물관 및 왕실의 무덤으로 사용할 곳에 어떤 경박한 장식도 하지 말라는 명령과 함께였다. 21년 후인 1584년 완공되었을 때, 펠리페 2세 선조의 유해들은 에스파냐 각지로부터 도착했고, 막대한 양의 성물이 수집되었다. 반종교개혁을 기념하는 최초이자 최대의 건축물, 에스파냐의 세속 권력을 장식하는 바티칸이 된 이곳에서 펠리페 2세는 배설물로 뒤범벅이 된 채 사망할 터였다.

1561년 레콘키스타의 중심 도시였던 톨레도에서 마드리드로 수도를 옮겨 오늘날 에스파냐의 기틀을 잡은 펠리페 2세는 영국 신교도들을 가톨릭으로 개종시키기 위해 영국 왕이 되기를 희망했다. 결혼했던 메리 1세가 세상을 떠나자 처제인 엘리자베스에게 점잖게 청혼한 이유였다. "영국과 결혼했다"는 말로 거절한 엘리자베스 여왕은 가톨릭교도이자 스코틀랜드 여왕인 메리 스튜어트를 참수형에 처했다. 둘 사이의 갈등은 커지고 있었다.

1571년 레판토해전을 치른 뒤 펠리페 2세는 무적함대 창설이라는 대담한 계획에 착수하고 모든 국력을 이에 쏟아부었다. 알바로 데 바잔(1526~1588)은 에스파냐 해군사에서 손꼽히는 명장이다. 해군 총사령관으로 임명되었으나 1588년 영국 공격 직전 사망했다. 영국 함대의 빠른 공격과 폭풍우로 패퇴한 무적함대를 그가 지휘했다면 결과가 바뀌었을지도 모른다는 아쉬움을 남기는 인물이다.

무적함대의 패배는 유럽 제일의 세력으로 발돋움하려 한 에스파냐의 시도가 실패했음을 뜻했다. 이후 에스파냐는

1페세타(알바로 데 바잔), 1953년 발행

숙적 프랑스와 영국, 네덜란드를 선봉으로 급속히 대두하던 신교 국가 동맹의 도전에 직면한다. 사실 신대륙에서 에스파냐로 유입된 은은 7배로 늘었으나 독일, 제노바, 네덜란드, 프랑스, 영국 등지로 모두 빠져나갔다. 실제 경제적 혜택을 입은 나라는 서유럽에서 막 발흥하던 자본주의 국가였던 셈이다.

부가 귀족 계급의 사치와 국왕이 벌인 전쟁놀이에 충당된 반면 자본 축적을 통한 산업화의 기반으로 이어지지 못했던 것이 에스파냐 경제가 몰락한 원인이었다. 1596년 11월 29일, 펠리페 2세는 결국 은행가들에게 모든 지불 연기를 선언했다. 1575년에 이은 또 한 번의 파산 선언이었다. 에스파냐는 평화 정책으로 돌아갈 수밖에 없었고, 그동안 싸워온 네덜란드는 독립을 인정받을 수 있었다.

합스부르크에서 부르봉으로

카를로스 1세가 즉위한 1516년부터 에스파냐는 합스부르크에 통치받았다. 황금 세기라는 찬란했던 시절도 있었으나, 해가 지기 시작한 에스파냐에서 17세기 중반 포르투갈이 독립했고, 프랑스와의 전쟁도 계속이었다. 순혈주의를 지키겠다고 근친혼을 계속한 합스부르크가의 비극은 카를로스 2세(1661~1700) 때 절정에 달한다. 4살에 왕위에 오른 카를로스 2세. 튀어나온 긴 턱을 한

번도 다물 수 없었고 소심하고
약골이라 7살이 될 때까지 걷
지도 못했던 일명 '백치왕'.
그가 왕위 계승자 없이 세상을
떠나자 비어 있는 에스파냐 왕
좌를 차지하기 위해 유럽 왕가

100페세타(프란시스코 데 고야), 1946년 발행

들은 외교전에 몰두했다. 결과적으로 프랑스 부르봉왕조의 루이
14세가 승리해, 손자 펠리페 5세가 에스파냐 왕으로 등극한다. 부
르봉왕조는 20세기에도 계속이고, 현재 국왕도 그러하다.

에스파냐의 부르봉왕조는 프랑스에서 계몽주의를 비롯한 많은
것을 유입했다. 프라도미술관을 남긴 계몽전제군주도 그 일례다.
프랑스혁명 이후 나폴레옹 보나파르트의 침략을 받고 그의 치하
로 들어갔다. 1807년 대륙봉쇄령을 어긴 포르투갈 침공을 위해
나폴레옹이 에스파냐를 먼저 공격한 것이다. 포르투갈 왕실은 브
라질로 도피했다. 나폴레옹은 형 조제프 보나파르트를 에스파냐
와 신대륙 왕에 임명했다.

낭만주의 화가 프란시스코 고야(1746~1828)는 〈1807년 5월 3
일〉을 통해 프랑스군이 마드리드의 에스파냐인을 무참하게 학살
한 모습을 묘사했다. 지금까지 예술가가 남긴 인간의 인간에 대한
잔학행위를 고발한 것 중 가장 통렬한 작품이라 평을 받는다.

나폴레옹의 점령 동안 에스파냐인들은 무기를 들고 싸우기도 했
고 카디스에 모여 최초의 민주주의 헌법을 선포하기도 했다. 유럽

의 여타 국가처럼 19세기 자유주의의 소용돌이에 끌려 들어간 것이다. 그동안 에스파냐의 지배 아래 있던 중남아메리카는 독립을 쟁취했고, 에스파냐의 19세기는 절대주의자와 자유주의자들의 대립으로 점철되었다.

에스파냐 부르봉왕조의 11대 국왕인 알폰소 13세(1886~1941)는 독일 빌헬름 2세, 영국의 조지 5세와 같은 세대다. 1898년 중남아메리카의 정복자였던 에스파냐가 완전한 종말을 맞은 해는 모친 오스트리아의 마리아 크리스티나가 섭정하던 때였다. 미국과 벌인 전쟁에서 패배해, 쿠바에 대한 주권 포기 및 전쟁 보상의 명목으로 푸에르토리코를 미국에 양도하고 마닐라 역시 미국의 점령을 인정하는 등의 내용을 받아들이면서였다. 400년에 걸친 쿠

50페세타(알폰소 13세&마드리드왕궁), 1927년 발행

바에 대한 에스파냐 통치는 막을 내렸고, 에스파냐가 태평양에 마지막 보루로 여겨왔던 필리핀과 괌도 잃은 셈이었다.

이 패배는 에스파냐 국민에게 좌절감을 주었다. 국제 사회에서 위신 실추에 대한 반성을 통해 국가 재건을 모색하는 국민의식과 민족정신에 대한 깊은 고민도 함께였다. 98세대의 등장이었다. 알폰소 13세는 착한 정치가였으나 국가적인 인물은 아니었다. 경제, 교권주의와 반교권주의의 대립, 모로코 독립 문제 등에 제대로 대

처하지 못했고, 결국 카탈루냐 총사령관 프리모 데 리베라 장군의 쿠데타에 구실을 제공했다.

"에스파냐 사람은 하느님으로부터 그들이 원했던 것은 무엇이든 손에 넣을 수 있었지만 얻지 못한 단 한 가지가 있으니, 그것은 좋은 정부"라는 이야기가 있다. 19세기 중엽부터 군부에서 쿠데타를 일으켜 군사독재 정권을 수립하는 나쁜 전통이 생긴 것을 두고 나온 말이다. 한 에스파냐 전문가는 1841년 이래 에스파냐에서는 군부 쿠데타가 202회나 일어났으며, 1936년 실패로 끝냈을 쿠데타를 에스파냐 전체 내전으로 확대해 세계를 뒤흔들고, 1939년 결국 승리해 독재를 시작한 프란시스코 프랑코(1892~1975)가 그 202회째의 성공자였다고 말했다.

프랑코는 위대한 에스파냐가 평등선거나 의회민주주의 때문에 무너졌다고 믿어 모든 민주주의를 철저하게 분쇄했다. 지식인과 예술가들은 그런 프랑코 체제의 이념을 피하고자 했다. 1960년대 영화, 축구, 텔레비전같이 회피 문화를 뒷받침하는 통속적인 문화가 발달한 이유였다. 1948년 빈곤한 에스파냐의 수도에 연고지를 둔 강력한 축구팀 레알 마드리드는 10만 명을 수용할 전용 경기장을 건설했고, 바르셀로나팀도 비슷한 경기장을 가지게 되었다. 축구는 이후로 에스파냐 민족주의를 고취하는 최고의 촉매제가 되었다.

1975년, 36년 철권통치를 했던 프랑코가 사망했다. 그의 사후 후안 카를로스 왕자(1938~)는 에스파냐 왕으로서 의회에서 선서

했다. 프랑코의 직접 지명으로 왕정복고가 이루어지며 왕위에 오른 것이다. 즉위식을 거행하자마자 에스파냐 국내 여러 지방과 전통의 존재를 인정한다는 점을 강조한 그는 모든 국민이 정책 결정에 자유로이 참여할 수 있도록 하는 개혁에 성공함으로써 문자 그대로 에스파냐 전 국민의 왕으로 거듭났다. 1981년 2월 23일 다시 한번 군부에 의한 쿠데타가 일어났지만, 군복 차림으로 TV 앞에서 최후까지 저항할 것이라 단호함을 보인 왕. 결국 쿠데타는 종결되었고, 후안 카를로스 국왕은 에스파냐 민주주의의 수호자가 되었다.

다양한 문명이 교차하는 이베리아반도에 위치해 가톨릭과 이슬람의 충돌, 중남아메리카 정복, 20세기 내전과 프랑코 독재까지 몇천 년에 걸친 정복과 공존의 역사를 겪은 에스파냐. 16세기 최전성기를 구가했지만 황금 세기의 영화는 더없이 스러졌다. 현재 에스파냐는 경제위기 역시 계속이다. 어떻게 극복해나갈지 궁금한 것은 페세타 안에 남겨진 그들의 저력이 남다르기 때문일지도 모르겠다.

5천 페세타(후안 카를로스 1세),
1979년 발행

최초의 바다 조직자

네덜란드

세상에서 가장 아름다운 튤립을 피워내고, 하늘의 바람을 받아 풍차를 돌리고, 직접 제조한 배로 전 세계를 돌아다니며 바다를 조직했다. 남한의 반도 안 되는 영토를 12개 주로 나누었고, 일찍부터 왕실이 존재해 왕실을 중심으로 근대국가가 된 다른 서유럽 국가와 달리 공식적인 왕실 없이 주 연합 형태의 공화국으로 탄생했다.

　카리브해에서 동아시아에 이르는 제국을 건설해 다스렸고, 오스트레일리아를 발견했으며, 뉴욕을 세웠다. 약 1,700만 인구가 사는 이 나라는 DVD와 녹음기, CD, 괘종시계, 골프, 현미경, 망원경, 그리고 도넛을 발견했다고 한다. 맞다. 네덜란드다.

　네덜란드는 독립전쟁이 시작된 16세기 말에서 17세기 역사상 가장 찬란했던 황금시대를 지난다. 화폐 '휠던'이 순도 91퍼센트짜리 은화로 등장한 시기이기도 하다. 사실 더 유명한 명칭은 영어식 표현인 '길더'로, 유래는 신성로마제국이 발행한 금화다. 이 금화는 피렌체에서 발행된 화폐인 플로린이므로 모두 같은 단위라고 할 수 있다.

네덜란드 역시 역사에서 가장 화려하고 기억하고 싶은 부분을 지폐에 담은 것일까? 유로화로 전환하기 전 마지막 휠던 시리즈는 극단적인 기하학적 무늬와 아름다운 색감으로 유명하다. 하지만 그 직전까지 지폐 속의 도안은 네덜란드의 16~17세기를 기억하게 하는 인물들로 가득하다.

오라녀 가문의 등장과 독립전쟁

네덜란드는 영토 대부분이 바다보다 낮아 저지대 국가라고 불린다. 그 역사가 물과의 전쟁사라고 할 만하다. 물을 막기 위한 댐과 제방이 건설되고, 그 위에 도시가 생겨 '댐'이란 뜻의 '담'으로 끝나는, 암스테르담, 로테르담 같은 도시가 많다. 강과 바다로 통하는 입지 덕분에 교역의 중심지가 되곤 했다.

샤를마뉴대제 이후 네덜란드는 프랑크왕국의 분열로 홀란트 가문을 비롯한 몇몇 봉건국가의 영지가 되었고, 십자군전쟁으로 발달한 무역을 배경으로 도시들이 서서히 성장했다. 13세기 말, 부르고뉴 가문의 필리프가 현재의 저지대 삼국인 네덜란드, 벨기에, 룩셈부르크를 지배했는데, 필리프의 손

1천 휠던(빌럼 1세 판 오라녀), 1945년 발행

녀가 합스부르크가와 혼인하면서 네덜란드는 근 1세기 동안 신성로마제국 합스부르크가의 지배를 받는다. 남부 네덜란드는 무역과 제조업으로 크게 번영했고, 중심 도시인 앤트워프는 북유럽의 상업 및 금융의 중심지가 되었다.

에스파냐와 오스트리아, 네덜란드 모든 지역의 통치자 신성로마제국 황제 카를 5세는 벨기에 도시 겐트 출신이었다. 이 지역에 친밀감을 느꼈고 비록 본인은 가톨릭이었지만 그나마 자치를 허용해주었다. 물론 1520년 루터교를 심각한 위험으로 선언해, 3년 뒤 브뤼셀에서 개신교도를 화형에 처해 최초의 개신교 순교가 나왔고, 1550년 저지대 지방에서 프로테스탄트 성경을 가지고 있다가 발각된 자는 사형에 처해질 수 있었지만 말이다.

그럼에도 불구하고 1560년대 이후 벌어진 박해에 비하면 행운인 편이다. 상대적으로 에스파냐에 애착을 느끼고 네덜란드어와 프랑스어를 하지 못했던 펠리페 2세의 통치가 시작되면서 네덜란드는 에스파냐를 위한 수입원 정도로 간주되었다. 게다가 종교 폭풍마저 몰려왔다. 네덜란드에 신교도들이 늘어나는 상황을 펠리페 2세로는 묵과할 수가 없었다. 빌럼 판 오라녜(1533~1584)가 이끈 일단의 지방 가톨릭 귀족은 관용을 허락해달라고 펠리페 2세에게 호소했다.

그러나 그가 답변을 주기도 전에 사건은 발생한다. 1566년 에스파냐의 박해와 겨울철 혹독한 기근에 시달리던 신교도 칼뱅파가 봉기한 것이다. 이를 진압하기 위해 수천 명의 군대가 파병되었는데, 알바 공이 이끈 군대의 지배는 공포정치가 되었다. 알바의 '피의 법정'은 즉각 1만2천 명 이상을 이단 폭동 혐의로 조사했고, 재판으로 2천 명이 넘는 사람들이 유죄판결을 받고 처형되었다. 수천 명이 재판에 회부되기 전에 암스테르담이나 독일, 영국 동부로 피신하기도 했다.

알바의 지배에 반란을 일으킬 군대는 결집의 주축이 되어줄 강력한 지도자가 필요했다. 빌럼이 맡은 역할이다. 프랑스 프로방스의 오랑주 공국에서 나온 오라녜 가문 출신으로, 독일에서 태어나 일생 대부분을 네덜란드 이외 지역에서 살고 주로 프랑스어를 사용했으나 네덜란드 독립의 아버지이자 국부로 불릴 '침묵공 오라녜의 빌럼 1세'가 될 터였다.

그가 1568년 오합지졸의 민병대를 이끌고 마스강을 건너 마스트리흐트의 에스파냐 영토에 쳐들어가면서 80년전쟁, 네덜란드 독립전쟁의 서막이 올랐다. 1570년대 네덜란드와 오스만 튀르크를 동시에 상대해야 했던 에스파냐. 분산된 전력은 네덜란드에 유리했다. 3년 뒤인 1571년 임금을 받지 못한 에스파냐 군인들이 나흘간 앤트워프를 약탈했는데, 그들의 광란으로 도시 반 이상이 초토화되었고 7천 명이 살육되면서 반에스파냐 세력이 결집하는 계기가 된다. 이 충격으로 수많은 상인, 지식인, 예술가들이 암스테르담을 비롯한 북부 지역으로 이주했고, 17세기 황금시대는 이런 남부의 수혈 덕분이기도 했다. 1573년 알바 공은 반란군 진압 실패라는 불명예를 안고 에스파냐로 귀환했다.

1579년 1월 6일, 남부 주들은 가톨릭을 유지하고 에스파냐 국왕에게 충성을 유지한다는 뜻을 밝혔다. 이에 맞서 1월 23일 네덜란드 북부 7개 주의 수장들은 위트레흐트동맹을 맺고 종교적 자유와 독립을 요구했고, 7주 전체를 총괄하는 전국의회도 설치했다. 2년 뒤 전국의회는 펠리페 2세에게 했던 충성의 서약을 철회하고, 네덜란드 연맹에 대한 충성 서약으로 대체한다고 선언한다. 신민이 그들끼리 협의해 국왕에 대해 "이제부터 우리의 지배자가 아니다"라고 선언한 것은 역사상 특기할 만한 일로, 미국 독립선언의 한 모델이 된 셈이다.

1584년 침묵공 빌럼이 사망했다. 에스파냐가 내건 현상금을 탐낸 프랑스 출신 가톨릭 광신도에 암살당한 것이다. 아들 빌럼 2세판 오라녜는 계속 저항을 이끌었고, 1609년 에스파냐 왕이 휴전에 동의함으로써 북부 네덜란드공화국의 독립은 암묵적으로 승인되었다. 남부 네덜란드는 에스파냐의 지배 아래 머물면서 가톨릭으로 복귀했으니, 벨기에가 될 예정이다.

네덜란드의 황금시대

전쟁의 부담에서 벗어난 연합 주는 번창하기 시작했다. 암스테르담과 로테르담이 앤트워프 자리를 대신하며 번영했다. 네덜란드 상인과 탐험가들은 먼바다로 나가 제국의 영토 확장을 도왔고,

1천 휠던(렘브란트 하르먼손 판 레인), 1956년 발행

국내에서는 해협 공사를 하고 풍차를 세웠으며, 습지의 물을 퍼내 쓸모 있는 땅으로 만드는 작업이 계속되었다. 부유한 상인들은 운하를 끼고 거대한 저택을 세웠고, 교회와 공공건물을 건축했으며, 예술가를 후원했다. 건국 후 몇십 년이 채 안 되어 네덜란드는 세계 예술과 건축, 과학, 문학의 중심지로 성장했다. 전쟁은 막대한 대가를 치렀지만, 그 전쟁의 끝은 황금시대의 서막으로 이어졌다.

17세기를 흔히 네덜란드의 황금기라고 부른다. 유럽 최고의 경제 세력으로 부상하고 해외 식민지 팽창을 통해 전 세계에 뻗어나간 네덜란드가 암스테르담을 중심으로 과학과 예술에서 최정점에 오른 시기였기 때문이다. 휠던의 도안은 경제적 번영보다 찬란한 문화 업적을 강조했다.

17세기 유럽 대다수 국가가 위기에 빠져 있던 당시 네덜란드는 상대적으로 짧은 기간 동안 '빛의 화가' 렘브란트와 '빛의 마법사' 베르메르를 배출하며 미술사에 큰 획을 그었다. 부자가 된 상

1천 휠던(베네딕트 스피노자), 1972년 발행

인들은 자신의 성공담을 기록하고 싶어해 초상화를 의뢰하곤 했
다. 검소한 농부마저 아름다운 예술작품을 소유할 수 있던 때, 넓
어진 시장 덕분에 네덜란드 화가들은 초상화부터 풍경화, 정물화
까지 전례 없이 다양한 장르의 수준 높은 작품을 탄생시킬 수 있
었다.

당시 암스테르담은 놀라울 정도로 세계적이었다. 항구에는 곧
출항할 선박들의 목적지인 세계 각지의 항구가 쓰여 있었고, 주변
거리에는 독일, 영국, 프랑스, 에스파냐, 노르웨이 등에서 온 사람
들로 넘쳤다. 형형색색의 물건을 파는 시끌벅적한 부두와 시장에
는 살아 있는 아르마딜로와 코끼리가 이국적인 향신료와 목재, 옷
감, 과일 사이에서 설 자리를 다투었다. 설탕 정제, 진주 연마, 담
배 제조, 양모 세탁, 다이아몬드 커팅 등 새로운 산업 역시 우후죽
순으로 탄생했다. '철학자들의 그리스도' 라 칭송받을 스피노자가
유대 사회에서 추방된 뒤 은둔하며 일생 동안 한 일 역시 렌즈 연
마였다.

중국에서 수입한 청화백자 열풍으로 도자기 제작 기술을 터득한 델프트의 한 업자가 이를 모방해 제작을 시작해, 중국보다 우월한 복제품을 중국으로 역수출했다. 다양한 식품이 유입되어 기존 육두구와 설탕을 곁들인 따뜻한 맥주를 마시던 네덜란드인은 커피와 차를 애용하기 시작했다. 투자 기회도 넘쳤고, 계좌이체 같은 금융 혁신도 일어났다. 당시 화폐 휠던은 전 세계 상인들이 사용하는 국제통화였고, 튤립 거품을 일으킬 정도로 넘쳐났다.

네덜란드 인구는 3배 이상 폭증했고, 데카르트, 홉스, 볼테르, 존 로크도 여기에 몸담고 있었다. 후고 그로티우스(1583~1645)는 유럽에서 벌어진 수많은 전쟁을 보면서 전쟁 방지를 고민하다가 국제법에 관한 이론을 떠올린다. '국제법의 아버지' 라는 별칭이 붙는 계기였다. 종교적으로 박해받는 이들도 모였다. 세파르디 유대인, 프랑스계 위그노, 심지어 미국 '건국의 아버지' 가 될 사람들 역시 네덜란드에 몸을 숨긴 잉글랜드 청교도였던 것은 유명한 내용이다.

10휠던(후고 그로티우스), 1953년 발행

한편, 에스파냐와의 전쟁이 한창이던 당시 네덜란드는 벌써 유럽 최고의 해양 국가로 발돋움한 상태였다. 조선업자와 지도 제작자, 항해사들은 뛰어난 기량을 가지고 있었다. 항해와 관련된 네덜란드 단어인 요트, 스쿠너, 크루즈, 데크 등이 오늘날 영어에 그대로 사용되는 이유이기도 하다.

네덜란드 무역 팽창에서 분수령은 1590년대다. 당시 해외 식민지 팽창에서 가장 앞서 있는 나라는 에스파냐와 포르투갈로, 네덜란드는 이전까지 아시아나 아메리카로 직접 가기보다 양국 식민지 운영에 간접적으로 참여해 이윤을 얻는 것에 만족하고 있었다. 그런데 1580년 포르투갈이 에스파냐에 합병된 뒤 네덜란드 상인에 대한 제재가 강화되었고, 유럽 각국의 대상인과 은행가 집단이 연합해 후추 판매를 독차지하면서 네덜란드 상인들을 배제하려고 했다. 네덜란드는 아시아까지 직접 가서 스스로 후추를 구해오는 방법을 찾아야 했다.

이때 등장한 인물이 얀 하위헌 판 린스호턴(1563~1611)이다. 그가 포르투갈 통상로를 총정리한 일종의 백과사전을 낸다. 포르투갈인의 동양 항해기였다. 자세한 항해 지도와 기후, 조류에 관한 정보, 각 항구에서 쓰이는 언어와 교역이 가능한 물품 등이 수록되었다. 남부 아프리카에서 동인도로 가는 지름길 해로와 포르투갈이 말레이시아, 인도네시아 사이의 좁은 해협을 장악한 비밀까지 포함되었다. 역사학자 비크만이 말한 대로 네덜란드 식민지 개척을 이끈 모세였다고나 할까.

100휠던(미힐 아드리안손 더 라위터르), 1970년 발행

이 책에 의존한 초기 탐험대들이 인도네시아 말루쿠제도를 향해 항해에 나선 때가 1595년으로, 3년 뒤 7척 선박이 7개월 만에 막대한 양의 향신료를 싣고 인도네시아에서 출발하기에 이른다. 육두구와 후추, 정향, 계피 등 향신료 인기에 힘입어 탐험대에 투자한 이들은 투자액의 4배에 달하는 수익을 올렸다. 탐험대 조직 등 네덜란드 내의 경쟁이 시작되었고, 몇 년 사이 8개 회사가 세워져 경쟁적으로 아시아 항해에 나서려던 이유였다. 영토 확장이 아닌 바다를 조직해 무역으로 세계를 제패할 제국의 탄생이 준비되고 있었다.

17세기 초 네덜란드 전국의회는 경쟁 우위를 유지하기 위해 여러 무역회사가 가진 자원을 공유하기로 했다. 헤이그에서 열린 회의는 아프리카 최남단 희망봉의 동부에서 일어나는 모든 네덜란드 통상 권리를 21년 동안 한 회사에 부여해 독점을 허락한다고 발표한다. 이에 동의하지 않는 자들의 거래는 전면 금지했다. 동의한 이들에게는 무시해도 될 정도로 적은 액수의 세금만 내면 막대한 수익을 낼 것이라 보장했다. 1602년 네덜란드 동인도회사의 탄생이었다.

미힐 더 라위터르(1607~1676)는 상인 출신으로, 위기에 빠진 나라를 위해 목숨을 걸고 전쟁터에 나간 제독이다. 마지막에는 그의 인기를 시기한 빌럼 3세에게 사실상 죽음과 다름이 없는, 에스파냐 해군을 도우라는 명령을 받고 지중해로 파견되어, 이를 따르다가 프랑스 해군의 공격을 받고 전사해 영웅이 되었다.

네덜란드는 1619년 인도네시아 자카르타를 점령해 바타비아로 명명했고, 이후 300년 동안 바타비아에 세운 기지를 거점으로 향료 생산지 인도네시아를 장악, 통제한다. 타이완에 상관을 설치했고, 일본의 데지마에도 설치하며 200년 동안 일본 에도막부가 서방에 개방한 유일한 통상 창구 역할도 맡았다. 선박의 기항지가 필요해지자 아프리카 케이프타운에 식민지를 건설하기도 했다.

이처럼 네덜란드가 점점 더 강해지자 영국에 반감을 불러일으켰다. 사실 17세기 초 양국은 협력해 에스파냐, 포르투갈 세력에 대항하고 있었다. 그러나 네덜란드 동인도회사의 실력이 잉글랜드 동인도회사를 능가한 데다 1623년 암보이나사건까지 일어났다. 말루쿠제도의 암보이나섬(암본섬)에 있는 잉글랜드 길드 사무소를 네덜란드가 습격해 길드 사무소 직원을 모두 살해한 사건이다. 이를 계기로 영국은 동남아시아와 동아시아에서 철수할 수밖에 없는 처지가 된 데 반해 향신료 무역을 독점한 네덜란드에는 아시아의 부가 유입되었다.

결국 17세기 후반 양국 사이에 세 차례에 걸친 해전이 중심이 된 전쟁이 벌어졌는데, 2차 전쟁에서 라위터르의 지휘 아래 움직인 네덜란드 해군은 영국이 보유한 4척의 대형함 중 3척을 부수고, 영국군 기함이었던 로얄 찰스호를 포획하는 데 성공하기도 한다. 당시 국왕이 찰스 2세였으니 치욕까지 안겨준 셈이다. 그것도 수도 바로 앞에서였다.

영국으로 넘어간 네덜란드의 영광

1677년 침묵공 빌럼 1세의 증손자 빌럼 3세(1650~1702)가 영국 왕 제임스 2세의 15살 난 딸 메리 스튜어트와 정혼했다. 에스파냐에서 어렵게 독립을 쟁취한 네덜란드는 영국 제임스 2세가 가톨릭을 믿는 프랑스 루이 14세와 우호적인 관계를 다지고 해군 세력을 키우는 것을 경계했다. 네덜란드인의 불안은 1688년 제임스 2세의 왕비가 아들을 낳으며 정점에 치달았다. 새 왕자의 탄생

20휠던(빌럼 3세), 1945년 발행

은 신교도인 메리가 왕위 계승 순위에서 밀려날 수 있음을 의미했고, 그대로 즉위한다면 영국에 가톨릭 왕조가 세워질 터였다. 빌럼이 결단력 있게 영국을 침공할 계획을 세운 이유였다.

1688년 11월 초, 네덜란드 항구에서 2만 명이 넘는 정예군을 실은 200척 이상의 함대가 영국으로 출항했다. 빌럼은 런던 행군에서 선별된 지지자들을 거리에 줄지어 세워 놓는 등 공들여 장면을 연출했다. 영국에 온 목적이 침략이 아니라 해방인 것처럼 보이도록 말이다. 영국을 가로질러 행군하던 네덜란드 군대가 12월 중순 수도에 가까이 오자 제임스 2세는 프랑스로 도피하기 위해 탈출한다. 사위 빌럼이 합법적으로 왕위를 계승하는 것을 막고 프랑스가 개입해 자신을 지지하게 하겠다는 바람으로 국왕의 옥새를 템스강에 던져버렸다.

그러나 제임스 2세는 역부족이었다. 빌럼 3세는 윌리엄 3세가 되어 메리와 공동으로 통치한다. 이때 윌리엄 3세와 함께 건너온 네덜란드 유대인은 18세기 영국의 최대 적인 프랑스와의 전쟁을

10휠던(빌럼 1세), 1945년 발행

수행하는 데 필요한 군수품과 자금 공급에 중요한 역할을 한다. 특히 잉글랜드은행을 설립해 당시 전쟁 자금을 더 체계적이고 빠르게 공급받을 수 있게 했다. 네덜란드에서 선진적인 많은 것이 영국으로 이전되고 있었다.

빌럼 3세는 1702년 타고 있던 말이 두더지가 파놓은 구멍에 발을 헛디디는 바람에 낙마 사고를 당해 돌연 사망했고, 영국 왕위는 메리의 동생 앤에게 돌아갔다.

네덜란드 위상이 내리막길을 걷기 시작한 지점이 1669년 렘브란트의 사망과 겹치는 것은 우연일까? 이미 향신료 인기는 시들해졌다. 유럽 열강과의 경쟁이 치열해지며 상인의 판매 수입은 감소하고 있었다. 특히 영국과 네 번째 전쟁을 벌였는데, 네덜란드가 미국 독립전쟁에서 독립군을 암암리에 지원했기 때문이다. 여기서 패배하고 만 데다 네덜란드 연합 왕국의 초대 국왕이 될 빌럼 1세(1772~1843)가 청년 시절을 보내던 1799년 동인도회사가 도산하고 몇 년 뒤 해체되고 만다. 인도를 거점으로 한 영국 세력에 점차 압도되어 간 결말이었다.

현재도 네덜란드는 입헌군주국이다. 본래 공화국으로 탄생했으나, 왕국이 된 것은 19세기 초 나폴레옹 지배와 혁명 과정을 거치며 오라녜 가문이 공식 왕실이 되면서다. 빌럼 1세가 초대 국왕이다. 에스파냐로부터 독립을 이끈 중심 가문 오라녜의 뜻은 오렌지로, 네덜란드 국가의 색이 오렌지색, 축구팀을 오렌지 군단이라고 부르는 이유다.

세계대전이 남긴 것

"가장 불리한 평화가 가장 타당한 전쟁보다 낫다." 19~20세기 초 로테르담은 인문주의자 에라스뮈스(1466~1536)의 원칙을 준수했다. 대규모 군대를 보유한 프랑스나 독일, 자주 짓밟혔던 벨기에와는 달리 그들보다 강한 이웃을 존중한 네덜란드는 나폴레옹 시대 이후에는 분노에 차 다른 나라를 공격하는 일이 거의 없었다.

제1차 세계대전 때도 네덜란드는 충돌을 피했다. 중립적인 태도를 견지하며 독일이 벨기에 침략을 위해 네덜란드를 지나가야 했을 때 못 본 척 눈감아주기까지 할 정도였다. 제1차 세계대전 후 패전의 책임을 진 독일 황제는 네덜란드로 망명해 1941년 사망할 때까지 네덜란드 중부 도시 도른에 살았다.

다른 국가는 1930년대에 혹독하게 군사력을 키웠지만 네덜란드는 1940년대 후반까지도 탱크 한 대 없었고, 가지고 있는 무기라곤 1800년대 구식 무기뿐이었다. 제1차 세계대전 후 드물게 3천 병력으로 이루어진 새로운 연대를 만들기도 했는데, 이들은 '빠르고 민첩하게, 침착하고 당당하게'를 좌우명으로 가진, 자전거를 타는 연대였다.

1940년 5월 9일 저녁, 히틀러는 서유럽 침공을 승인했다. 암호단치히를 명 받은 독일군은 다음날 아침 바로 네덜란드를 침공, 투하된 폭탄은 아름다운 로테르담을 처참하게 파괴했다. 최고사령관은 5월 15일 무조건항복 문서에 서명했고, 빌헬미나 여왕은 네덜란드 해군의 호송 아래 영국으로 피신했다. 나머지 지역 역시 나치 수중에 떨어진 후 지독한 수난의 5년이 지나갔다.

네덜란드는 자국이 전쟁 중 옳은 일을 했다고 믿는 거의 유일한 나라다. 네덜란드인의 눈에 네덜란드는 전체주의에 영웅적으로 저항하는 바람에 큰 박해를 받았지만 모든 시련을 견디고 전보다 우뚝 선 나라다.

그러나 수치스러운 역사가 없는 것은 아니다. 대대수가 나치에 저항한 것은 사실이지만, 동시에 나치에 충성하고 나라 곳곳에서 벌어진 잔학행위를 묵인한 이도 많았다. 덴마크 정부는 나치에 협력했지만, 협력은 덴마크 내 유대인을 가혹하게 대하지 않는다는 조건에서만이었다. 덴마크 경찰은 유대인 적발에 협조하지 않았고, 나치가 유대인 대규모 이송 계획을 발표하자 전 정부가 사임했다. 덴마크에 거주하던 유대인은 단 1퍼센트만이 나치에 희생되었다. 네덜란드에서 75퍼센트에 달했던 것과 너무나 다른 결과다. 평등과 소수자 권리에 대한 네덜란드 사람들의 신념만큼은 그들이 경험한 잔혹한 독재와 그에 제대로 저항하지 못했다는 수치심과 관련이 있다.

그렇다면 네덜란드인은 아시아 식민지에 대해서는 어떤 태도를 보일까? 네덜란드 정부는 동인도회사가 해체된 뒤 식민지 인도네시아를 포함해 해외에서 얻은 재산과 부채를 맡았고 이런 상태는 약 150년 동안 지속되었다. 사실 네덜란드는 자

100휠던(데시데리위스 에라스뮈스), 1953년 발행

바, 수마트라섬 같은 식민지에서 식민 권력을 남용했고, 현지 주민은 기아에 허덕이며 비참한 삶을 살았다. 제2차 세계대전 동안 일본의 점령하에 있던 식민지는 전쟁 종결 후 독립을 선언했는데, 네덜란드는 포기를 거부하며 반란군을 진압했다. 유엔 안전보장이사회가 개입해 미국이 전후 금융 지원을 중단하겠다고 위협하는 등 국제적인 압박이 가해지자 1949년 마지못해 통치권을 이양했다.

에스파냐의 잔혹한 탄압에서 독립이 국가의 탄생으로 이어지고, 그런 독립운동의 중심 가문을 군주로 받들고, 소수자 권리에 대해 민감한 관용의 나라, 네덜란드. 휠던에 담겼던 자긍심의 한계를 넘어서는 그런 나라일 수 있기를, 새로운 휠던 시리즈처럼 아름다운 그들의 미래를 바라본다.

'어게인, 파운드'를 꿈꾸며

영국

2022년 9월 8일, 버킹엄궁은 엘리자베스 2세가 스코틀랜드 밸모럴성에서 평화롭게 세상을 떠났다고 공식 발표했다. 영국 공영방송국 BBC는 국가인 〈God Save The Queen〉과 함께 여왕의 사망을 보도했다. 사망과 동시에 왕위 계승 서열 1순위인 찰스 왕세자가 찰스 3세로 즉위했다. 다른 왕위 계승자의 순위도 상승한 것은 물론이었다.

영국 파운드의 앞면에는 그동안 엘리자베스 2세의 얼굴이 찍혀왔다. 언제나 최근 모습을 담아야 하는 불문율이 있어서 군주가 나이 듦에 따라 초상화도 같이 늙어가는 특징이 있다. 이는 영국뿐 아니라 영연방 왕국이라면 거의 적용되는 사항이다. 2024년 6월부터는 찰스 3세로 도안이 바뀐 지폐가 유통되기 시작했다. 무려 60여 년 만의 변화다.

영국이 브렉시트를 단행한 지 꽤 오랜 시간이 흘렀다. 사실 유럽연합에 가입되어 있었을 때도 영국 공식 화폐는 유로가 아닌 파운드(파운드 스털링)였다. 2003년 유로 전환 여부를 묻는 국민투표가 있었지만 국민은 찬성하지 않았다. 19세기 세계를 누비던 영광스러운 대영제국의 기억 때문일까? 파운드화는 지금의 달러와 같은 기축통화였고, 제2차 세계대전을 지난 후 달러화에 그 자리를 넘겨주었다. 하지만 유로와 일본 엔화의 위상에 준하는 세계적인 무역 결제 통화인 것은 현재도 여전하다.

그런 파운드에는 영국이 자랑할 만한 수많은 인물과 위대한 산물이 즐비하다. 잉글랜드의 황금기에서 정치혁명과 산업혁명을 지나, 빅토리아시대 영광을 넘어 세계대전을 극복할 때까지. 각 시대의 사회질서 변화와 주요 인물의 결정은 영국에 스며들어 영향을 끼쳤으며, 영국인은 그것을 인정하기로 합의했다는 뜻일 것이다. 왕국에서 제국으로, 현대 입헌군주국으로 변모해 오는 가운데 영국은 법치주의, 민주주의, 산업화 등 세계사를 이끈 중요한 가치를 어떻게 형성하고 발전시켜 왔을까?

잉글랜드의 황금기

1952년부터 70년간 이어진 엘리자베스 2세 여왕의 시대는 가장 오래 살고 가장 오래 재위한 영국, 영연방 왕국의 군주이자 여왕의 시대다. 빅토리아 여왕 이후 51년 만에 탄생한 여왕은 그 시대를 산 영국인의 향수를 불러일으켰다. 호칭 역시 잉글랜드의 황금기를 가져온 엘리자베스 여왕(1533~1603)을 소환했다.

한 시대를 창조한 작가라는 평가가 무색할 만큼 윌리엄 셰익스

20파운드 뒷면(윌리엄 셰익스피어), 1970년 발행

피어(1564~1616)가 영국에서 차지하는 위치는 각별하다. 그는 동시대 어떤 극작가와 비교해도 가장 월등했다. 1590년 무렵 그가 극장에 극본을 제공하자 경쟁자인 대학의 박식한 시인들은 일제히 그를 시기했다. 그처럼 다채롭고 무수한 주제와 장면을 짜임새 있게 망라한 사람은 없었기 때문이다. 당시 런던에서는 이탈리아, 프랑스 작품의 번역서가 많이 팔리고 있었는데, 이런 외국 작품에서 구한 소재에 비애나 영국적인 철학을 가미해 독특한 매력을 풍겼다. 일반 관중이 그를 환영했던 것은 당연했다.

엘리자베스 여왕과 셰익스피어로 대표되는 16세기 영국은 독자적인 예술과 문학이 창조된 시기였다. 모든 분야에서 섬나라적 특징을 발전시킨 튜더왕조(1485~1603) 업적의 대표격이랄까. 영어의 발전, 강력한 함대의 구성, 그리고 로마 교황과의 단절은 잉글랜드에 큰 영향을 줄 터였다.

에스파냐와 프랑스가 로마 교황청과 밀접한 관계를 맺고 절대왕정을 수립한 데 반해 잉글랜드 왕은 의회와 동맹해서 로마와 단절하고 국교의 수장이 된다. 그 과정은 알다시피 종교개혁이라는 이름으로 진행되었으나 실제로 왕권 강화와 아들 타령에 부인을 끊임없이 갈아치운 헨리 8세의 사적인 행보였다. 사실 그가 종교개혁이라며 몰수한 수도원 연수입이 현재 가치로 약 636억 원이라니 탐을 낼 만도 하다.

장미전쟁 화해의 아이콘 헨리 7세(1457~1509)가 즉위하며 튜더왕조는 시작되었다. 아들 둘 중 큰아들은 에스파냐 공주 캐서린과 결혼하지만 곧 죽고 만다. 작은아들이 형수 캐서린과 다시 결혼한다. 당시 초강국 에스파냐의 힘을 등에 업기 위한 정략결혼은 가톨릭 교리를 넘어 재혼도 가능하게 했다. 그들 사이에는 딸 메리만이 있었는데, 앤 불린이 나타났고 헨리 8세(1491~1547)에게 이혼을 요구한다. 결국 로마가톨릭과 결별을 선언하며 결혼에 성공한 헨리 8세. 그러나 역시 아들을 낳지 못한 앤 불린은 딸의 왕위 계승권과 목숨을 맞바꿔야 했다. 이 과정에서 국왕이 종교의 수장이 되면서 영국 특유의 신교 '성공회'를 세우는 종교개혁이 이루어진다.

헨리 8세를 뒤이은 에드워드 6세의 짧은 치세, 가톨릭으로 복귀한 메리 1세의 피의 복수 이후 등장한 엘리자베스 1세. 앤 불린의 딸은 의회에서 성공회가 영국 국교임을 분명히 했다. 의회와의 관계 역시 타협으로 개선하는 현명한 정치를 펼쳤다. 에스파냐의 해상지배권을 약화하기 위해 잉글랜드 해적들을 국가적으로 이용했다. 1588년 잉글랜드 함대는 메리 1세의 남편으로 엘리자베스 1세에게 청혼했다가 거절당한 형부 펠리페 2세의 무적함대에 승리를 거둔다.

언어도 표준화되었다. 셰익스피어의 또 다른 업적이다. 이전에는 영어 규칙이 그다지 구체적이지 않았다. 상류층은 프랑스어, 성직자는 라틴어를 사용하면서 영어는 하류층 언어로 인식되었기 때문이다. 셰익스피어 작품을 통해 1,700개 이상의 단어나 구절이 만들어졌고, 문법, 철자, 어휘에 대한 지침이 확립되고 통용되었다. '영국적' 특징이 형성된 것이다.

사실 영국 역사는 유럽 대륙에서 떨어진 섬에 자리잡았던 색슨과 데인족의 일부가, 그곳으로 들어와 남은 켈트인과 로마인과 섞여 살다가, 노르망디에서 건너온 모험가 윌리엄에 의해 정복되고 왕조로 조직된 후, 몇 왕조와 세기를 지나며 지구의 30퍼센트 이상을 지배했다가 그 화려함을 기억하는 경과의 기록이다.

지방 촌락에 존재하던 공개토론과 타협 정신이라는 관습에, 정복왕 윌리엄과 그의 노르만계 후계자의 강력한 권위에 기반한 준법정신, 바다라는 천혜의 방어. 이런 특징은 영국이 비교적 안전하게 독창적인 특징을 만들어낼 수 있도록 했다. 일례로 잉글랜드 국왕은 의회의 호의에 의존해서 재원을 얻었다. 프랑스와 에스파냐 국왕은 국민의 동의 없이도 강제로 세금을 징수할 수 있었다. 그러나 영국인은 국왕의 과세권과 군대 보유를 부인해야 그들의 자유가 수호된다는 것을 깨닫고, 두 자유의 보호 원리를 고수했다. 결국 왕조와 충돌하며 승리를 거두었고, 의회의 승리 후에는 입법 기구로부터 행정권을 분리하는 방법 역시 발견한다. 스튜어트왕조(1603~1714)와 하노버왕조(1714~1837)의 영국이었다.

혁명의 나날들

잉글랜드가 낳은 인류 최고의 천재, 가장 위대한 과학자로 꼽히는 아이작 뉴턴(1642~1726). 17세기 과학혁명을 집대성하며 케플러, 갈릴레이, 데카르트 등의 연구 결과를 학문으로 완성해낸 그가 태어난 1642년은 잉글랜드 내전(1642~1651)이 발발한 해였다. 찰스 1세 중심의 왕당파와 잉글랜드 의회를 중심으로 한 의회파가 세 차례에 걸쳐 벌인 내전이다.

스튜어트왕조를 연 것은 엘리자베스 1세 사망 후 왕위에 오른 스코틀랜드의 제임스 1세였다. 그는 왕권신수설을 주장하며 잉글

1파운드 뒷면(아이작 뉴턴), 1970년 발행

50파운드 뒷면(크리스토퍼 렌&세인트폴 대성당), 1981년 발행

랜드의 입헌 전통이나 의회의 과세권을 무시하는 한편 청교도들을 탄압했다. 찰스 1세는 그를 물려받아 프랑스 루이 13세의 누이를 부인으로 맞아들이고, 의회의 승인 없이 세금을 부과했다. 의회가 제출한 '권리청원'에 도장은 찍고는 의회를 해산시킨 뒤 11년간 의회 없이 통치하기도 했다. 하지만 다시금 전쟁 경비 마련을 위해 의회를 재소집할 수밖에 없는 상황이 닥쳐왔다. 스코틀랜드 반란을 진압해야 했기 때문이다. 왕과 의회의 대립은 걷잡을 수 없이 격화되어 전쟁으로 변했다. 영국 역사상 유일무이한 국왕 처형과 공화국 수립이라는 결과로 이어진, 청교도가 중심이 되어 일어난 전쟁으로, 청교도혁명이라고도 불리는 이유다.

크롬웰을 중심으로 공화정이 진행되는 동안 뉴턴은 라틴어와 고급 라틴어, 약간의 그리스어로 구성된, 수학은 거의 들어 있지 않은, 당시 영국 공립 중학교 과정을 마친다. 1661년 케임브리지대학에서 가장 유명세를 누리던 트리니티 칼리지에 입학하는데, 처음에는 학생이었다가 나중에는 수학 분야의 루카스 석좌교수로 그곳에 35년이나 몸담을 터였다. 의회 선거에서 승리한 왕당파가 찰스 2세를 옹립하며 왕정복고를 달성한 바로 이듬해였다.

왕정복고 5년 뒤인 1665년, 런던을 위시한 잉글랜드의 많은 지역에 재난이 닥쳤다. 페스트가 창궐한 것이다. 다른 학교와 마찬가지로 케임브리지 역시 공동화되었고, 뉴턴도 고향으로 내려가 연구에 몰두하기 시작한다. 이 와중인 1666년 9월 2~7일 런던에서 대화재가 발생한다. 목조건물이 대부분인 런던 시내에서였다. 건조하고 바람이 부는 가운데 나흘 밤낮 런던을 집어삼킨 화마는 페스트를 잠재웠으나 80개가 넘는 교회와 주요 건물을 잿더미로 만들었다. 수십만의 이재민을 낳은 그해, 당시 잉글랜드 건축의 지도자 격이던 크리스토퍼 렌(1632~1723)은 런던 재건을 위한 총책임자로 선정되었다. 그의 지휘 아래 세인트폴 교회를 포함한 런던의 40개 넘는 교회가 설계, 건축될 수 있었다.

찰스 2세 하에서 런던은 다시 살아났고, 시인 드라이든은 1666년을 '기적의 해'를 뜻하는 라틴어 '아누스 미라빌리스'라고 표현했다. 바로 그해 24살의 뉴턴은 미적분에 관한 연구를 완성하고, 빛이 입자라는 학설에 다가섰고, 만유인력의 법칙을 밝혀낸다. 뉴턴의 업적을 가리키는 유명한 표현이 된 이유였다.

1685년 찰스 2세가 죽고 동생 제임스 2세가 왕위에 오른다. 가톨릭교도임을 공개 선언한 그는 의회의 동의 없이 세금을 거두고 프랑스의 수입 관세를 내리는 등 친프랑스 정책을 이어갔다. 이 와중에 왕자가 탄생하는데, 잉글랜드 왕위 계승이 가톨릭교도에

50파운드 뒷면(존 후블론&영란은행), 1994년 발행

이어진다는 의미였기에 의회는 방법을 찾아야 했다.

네덜란드 빌럼 3세와 혼인했던 제임스 2세의 딸 메리가 1688년 군대를 이끌고 잉글랜드에 도착한다. 이듬해 제임스 2세의 퇴위는 결의되었고, 부부는 윌리엄 3세, 메리 2세 공동 왕으로 추대되었다. 의회는 왕에게 권리선언을 승인받고 의회제정법으로 공포했다. 두 왕 사이에 후손이 없을 시 메리의 여동생 앤이 왕위를 계승하도록 규정했다. 가톨릭교도가 왕위를 계승할 가능성을 봉쇄하면서 국회가 왕권을 제약하며 왕위 계승까지 결정하는 입헌군주제를 확립시킨 셈이다. '권리장전'이 승인된 명예혁명이다.

뉴턴은 케임브리지에 가톨릭을 강요하던 제임스 2세에 맞서 싸운 프란시스 사건 덕분에 1689년 케임브리지 하원의원이 되었다. 그 5년 후 잉글랜드 의회는 영국 최초의 중앙은행인 잉글랜드은행을 설립했다. 잉글랜드왕국은 프랑스 해군에 대패한 뒤 강력한 해군 육성의 필요성을 절감하는데, 120만 파운드가 필요했다. 윌리엄 3세 정부가 끌어들이기에는 너무 많은 액수였다. 기금 마련

을 위해 은행지주회사를 설립하고, 주식을 발행해 주주를 모집했
다. 은행은 정부에 금전을 제공하고 이에 상응하는 지폐를 발행했
으며, 발행된 지폐는 대출 업무에 사용되었다. 기금 조성에 성공
했고, 그중 절반을 해군 육성에 사용했다. 50파운드 도안의 주인
공 존 후블론(1632~1712)이 잉글랜드은행의 초대 총재였다.

1700년 말 윌리엄 3세가 후사 없이 병석에 누웠을 즈음 메리의
여동생 앤의 아들이 죽었다. 앤은 18번이나 임신을 했음에도 불
행히 다섯 아이만 살아서 태어났는데, 아들 한 명 외에는 모두 유
아기에 사망한 터였다. 윌리엄 3세가 사망하자 스튜어트왕조의
마지막 왕이 될 예정인 앤 여왕(1665~1714)이 즉위한다. 잉글랜
드-스코틀랜드 동군연합의 마지막 여왕이자 최초의 그레이트브
리튼왕국의 여왕 및 아일랜드의 여왕. 잉글랜드보다 영국이 어울
리는 시대, 국기 유니언 잭도 만들어졌다.

산업혁명의 나라, 나폴레옹을 물리치다

1701년 제임스 2세의 아들이 프랑스에서 성년이 되자 위기감을
느낀 의회는 신교도를 후계로 정해야 한다는 왕위계승률을 성문
화했다. 제임스 1세의 손녀로 하노버 선제후의 부인인 소피아와
그 자녀들이 왕위계승권을 가지면서 하노버왕조가 스튜어트의 뒤
를 잇는다.

독일에서 나고 자라 영어를 한마디도 하지 못하는, 그러면서도 소심하고 부끄럼을 많이 타는 내성적인 성격의 소유자 조지 1세. 그를 대신할 정치인이자 수상의 탄생이 예견되었다. 결정적인 계기는 1720년에 일어난 남해 거품 사건이었다. 정부가 보증하던 남해회사가 파산하면서 왕과 정부가 남해회사의 합법성이 의심되는 거래에 관여했다는 사실이 드러났다. 뉴턴도 파멸적인 손해를 본 것으로 유명한 바로 그 사건이다. 정부 인사가 모두 도덕적인 책임을 면하지 못하는 상황이었다. 공교롭게도 당시 정계 일선에서 밀려나 있던 로버트 월폴(1676~1745)이 인정받았고, 조지 1세를 도우며 막대한 권한을 이양받았다. 월폴의 재임 기간에 의원내각제는 발달하기 시작했다.

50파운드 뒷면(매튜 볼턴&제임스 와트), 2010년 발행

18세기 중후반 영국은 무능한 하노버의 왕들과 비교적 뛰어난 총리, 전쟁, 혁명으로 점철되어 있다. 정신이상 증세를 앓았던 조지 3세, 여성 편력과 사치로 유명했던 조지 4세, 7년전쟁, 미국 독립전쟁, 프랑스혁명, 나폴레옹전쟁, 그리고 영국을 결국 위대한 국가로 만들 산업혁명이다.

산업혁명의 원동력이 된 동력 혁명의 주인공, 증기기관의 제임스 와트(1736~1819)는 스코틀랜드 출신이다. 그는 이미 존재했지만 열효율이 떨어졌던 뉴커먼식 증기기관을 효율적으로 개량해 실용화의 길을 열었다. 하지만 와트의 증기기관은 동업자인 매튜 볼턴(1728~1809)이 없었다면 퍼지는 시간이 훨씬 더 필요했을 터였다. 자금 지원에 그치지 않고 와트의 증기기관을 기술적으로 개량하고, 판로를 개척하고, 특허를 내고 유지하는 모든 일에 영향을 미쳤기 때문이다. 영국이 2011년 50파운드 지폐에 이례적으로 둘을 함께 넣은 이유였다.

"파는 것은 모든 사람이 원하는 것, 바로 파워입니다."

"오로지 기계 생각밖에 없습니다."

그들의 말과 함께였다.

5파운드 뒷면(아서 웰즐리), 1971년 발행

1789년에 일어난 프랑스혁명은 영국에 직접적인 영향을 주지는 않았다. 그러나 프랑스혁명을 종결시킨 나폴레옹 보나파르트는 전쟁을 일으켰고, 이에 대항한 유럽 동맹은 19세기 초반 전쟁을 이어갔다. 1815년 엘바섬에서 탈출한 나폴레옹이 영국, 프로이센, 러시아, 오스트리아 군대와 벨기에의 작은 마을 워털루에서 맞붙은 유혈극. 500만 명을 희생시킨 나폴레옹전쟁(1803~1815)의 마침표를 찍은 워털루전투였다. 이 당시 영국군의 총지휘자는 아서 웰즐리(1769~1852)로, 웰링턴 공작이다. 나폴레옹은 다시 폐위되어 세인트헬레나섬으로 유배된다. 반면 웰링턴은 나폴레옹을 물리친 공로로 영국의 총리가 되었다. 보수당이 총리로 아서 웰즐리를 배출하고, 휘그당이 찰스 그레이를 배출한 1830년대, 영국의 양당 체제가 현재와 같이 정기적인 정권 교체를 시작한 때였다. 보수당에서는 디즈레일리, 휘그당은 자유당으로 바뀌면서 글래드스턴이라는 영국 정치사의 거목들이 등장할 터였다.

빅토리아시대의 영광

제국주의 식민지 경쟁 시대인 19세기, 영국은 산업혁명으로 급성장해 유럽 동력의 절반을 생산하는 세계의 공장으로 가장 부유한 국가가 되었다. 빅토리아 여왕(1819~1901)은 1837년 19세의 나이로 즉위해, 당시 휘그당 당수였던 멜번 경의 도움을 받아 여왕 역할을 성실히 수행했다. 선대 하노버왕조의 무능하고 방탕한 이미지를 벗는 대신 가정적이며 도덕적이고 검소한 왕실이라는 이미지 메이킹에 성공하기도 했다. 사촌인 독일의 앨버트 공 사이에 9남매를 두었고, 출산 중 '여왕의 마취'를 도입해 돌풍을 일으켰으며, 이 자녀들이 흩어

10파운드 뒷면(찰스 다윈), 2000년 발행

져 혼인한 결과 유럽 왕실에
혈우병이 퍼진 것은 유명한
이야기다.

빅토리아시대 영국은 런던
에서 해가 지면 홍콩에서 해
가 떠, 그야말로 해가 지지

10파운드 뒷면(찰스 디킨스), 1993년 발행

않는 나라가 되었다. 세계 4대 문명 발상지 중 이집트와 인도가
손안에 들어왔고, 여왕은 1876년 인도 황제로 즉위했다. 아메리
카의 캐나다, 서인도제도, 오스트레일리아, 뉴질랜드 등이 영국
땅이 되었다. 아프리카에서는 영국 영토만을 따라 남북 종단 철도
를 건설할 수 있을 정도였다. 교통의 요충지라는 지브롤터, 몰타,
희망봉, 수에즈, 싱가포르, 홍콩 등이 영국 무역 항로를 연결했다.
프랑스 쥘 베른의 소설이지만, 《80일간의 세계 일주》의 주인공
필리어스 포그가 영국의 부자여야 했던 이유일 것이다.

아프리카와 아시아를 식민지로 삼는 데 이론적 바탕이 될 진화
론이 찰스 다윈(1809~1882)에게서 나왔고, 산업혁명으로 인해
초래된 빈부격차를 처절하게 다룬 《올리버 트위스트》는 찰스 디
킨스(1812~1870)의 작품이다. 디킨스는 헨리 8세를 '스캔들 메
이커', '도저히 참아줄 수 없는 악당'이라고 표현했다고 한다.

영국은 19세기 '영광스러운 고립'을 외교 노선으로 삼았다. 유
럽 대륙에서 자국을 위협하는 강대국이 대두하지 않도록 유연한
정책을 구사한, 세력 균형에 입각한 대외정책이다. 자국이 위협받

10파운드 뒷면(플로렌스 나이팅게일), 1975년 발행

을 정도가 아니면 대륙에 개입하지 않았다. 그러다 혹 위협이 발생하면 대항하는 동맹 결성에 주도적으로 개입하는 것이다.

1853년 러시아와 오스만제국 사이에 크림전쟁이 벌어졌다. 부동항을 찾던 러시아가 영국을 비롯한 강대국이 방어하는 발트해가 아닌, 약화하고 있는 오스만의 흑해 방면으로 세력 확대를 꾀한 것이다. 이미 유럽 대륙에 단일 패권 세력을 허용하지 않는 대외전략에 따라 나폴레옹 타도에 앞장섰던 영국은 러시아가 최대의 적으로 급부상하자 견제하기 시작했다. 남하하려는 러시아와 방어하는 영국의 그레이트 게임이 세계적으로 벌어진 이유였다. 크림전쟁은 4년간의 혈투 끝에 흑해 일대를 중립화하고 오스만제국의 영토 보전을 주 내용으로 정리한 뒤 종결된다.

크림전쟁은 과정이나 결과보다 다른 방면에서 의미가 있다. 최초로 철도와 전신이 전술적으로 이용되고 참호전이 중요해지면서 현대식 전쟁의 방향을 제시했기 때문이다. 전쟁 특파원과 사진기

자들의 취재가 이루어져 가장 공개적인 전쟁이 되기도 했다. 전쟁사에서 근대와 현대의 분기점을 이루는 전쟁이라 평가하는 이유다. 특히 군대의 열악한 간호 실태와 보급 상황 취재는 의사들과 플로렌스 나이팅게일(1820~1910) 같은 간호사들을 영웅으로 만들었다. '등불을 든 천사' 나이팅게일의 노력으로 이전에는 개념조차 없던 '간호'라는 직업이 생명의 고귀함을 지키는 전문 직업으로 변화했다. 근대적인 야전병원 체계가 구축된 것도 물론이다.

암호 해독으로 뚫은 세계대전의 벽

1890년대 독일이 제국들에 도전하며 위협하기 시작하면서 유럽은 비스마르크가 조심스레 만든 평화로부터 멀어지고 있었다. 빌헬름의 3B 정책은 영국의 3C 정책을 위협했고, 보유 전함에서도 그랬다. 유럽은 영국, 프랑스, 러시아의 삼국협상과 독일, 오스트리아, 이탈리아의 삼국동맹으로 분할되었다. 결국 1914년 6월 28일 오스트리아-헝가리제국 프란츠 대공 부처의 암살 사건은 누구도 예상하지 못한 파멸적인 세계대전의 포문을 열었다.

그해 8월부터 1916년 1월까지 영국의 입대 열기는 당시 전쟁에 뛰어든 유럽인의 모습을 대표한다. 첫 두 달 76만 명이 자원입대한 것이다. 이들은 국가의 신속한 승리에 기여한 뒤 돌아와 크리스마스는 가족과 보내리라는 꿈을 안고 전장으로 출발했다. 그러나 그 꿈은 공상이었고, 그것을 깨닫는 데 채 2달도 필요하지 않았다.

마른전투를 계기로 전선은 고착되었다. 참혹하면서도 지루한 참호전이 시작되면서 참호에서 군대를 끄집어내려는 시도는 계속되었다. 그 와중에 독가스가 살포되고, 비행기가 투입되었으며, 탱크가 개발되었다. 1917년 러시아혁명으로 러시아가 발을 빼고, 미국이 참전하고서야 전쟁의 향방은 결정되었다. 1918년 11월 11일 4년의 지옥 같은 전쟁이 끝나지만, 더욱 참혹한 다음 전쟁이 기다리고 있는 잠깐 멈춤의 시간이었다.

제2차 세계대전에서 영국을 이끌며 나치 독일과 맞서 치열하게 싸운 총리 윈스턴 처칠(1874~1965). 그는 열세인 전황에도 뛰어난 리더십과 선견지명을 발휘해 전세를 뒤집어 연합국의 승리를 이끌었다. 행정가적 수완은 그다지 뛰어나지 못했고 거만했으며 끊임없이 섣부른 계획들을 제시했다. 하지만 수상으로서 첫 라디오 연설에서 영국 대중을 각성시켜 전쟁에 맞서게 했고, 미국을 움직여 막대한 원조와 무기를 보내도록 했다. 결국 영국은 클레망소의 프랑스처럼 독일과 싸우는 길을 택해 승리해냈다.

1939년 나치 독일군이 폴란드 국경을 넘고 영국과 프랑스가 선전포고하면서 제2차 세계대전은 시작되었다. 덴마크, 노르웨이, 벨기에, 네덜란드를 무너뜨린 나치 독일 공군의 폭격과 기갑부대의 진격에 연합군은 속수무책이었다. 프랑스가 나치 독일과 휴전조약을 체결한 이후 피레네산맥에서 노르웨이 노스곶까지 해안에

5파운드 뒷면(윈스턴 처칠), 2015년 발행

면한 유럽은 전부 나치 독일의 영토였다.

대륙에 동맹국이 없어진 뒤에도 끝까지 싸우기를 결정한 영국은 정면공격을 받는다. 1940년 7월부터 폭탄 투하가 시작되었다. 그러나 8, 9월 공중전에서부터 승리를 거두기 시작했다. 독일군 암호가 해독되면서 폭격의 목표물과 영국 공군이 격추할 적기 위치를 알 수 있었기 때문이다.

"인간의 충돌이 있는 곳에서 너무도 많은 사람이 소수의 사람 덕을 이렇게나 많이 본 적은 없습니다."

처칠의 연설은 영국 공군과 레이더를 향한 것이었지만, 영국 비밀 암호해독반 블레츨리의 공헌에 대한 감사 역시 내포되어 있다는 것을 아는 사람은 극히 소수였다.

사실 제1차 세계대전에 미국이 참전한 이유 중 하나는 독일 외무장관 치머만이 멕시코 주재 독일 대사에게 보낸 비밀 전문 때문이다. 미국에 대항하는 동맹을 멕시코 정부에 제안하라는 지시와 그에 대한 대가로 멕시코가 빼앗긴 미국 남부를 되찾도록 보장하

50파운드 뒷면(앨런 튜링), 2023년 발행

겠다는 내용이었다. 이는 영국 암호해독반의 성과였다. 대전 발발 직후 영국은 독일의 모든 해저 케이블을 끊어버렸고, 독일은 전쟁 동안 모든 전문을 암호화해 무선통신으로 보냈다. 치머만 전문도 해독해낸 영국의 암호해독반 40호실. 킹스칼리지의 괴짜 천재 앨런 튜링(1912~1954)도 블레츨리로 불릴 암호해독반에 합류했다.

튜링과 암호해독가들의 미친 듯한 노력 덕분에 1943년 연합군 은 매달 총 8만4천 개의 암호를 해독하고 있었다. 어떤 때는 독일 군이 전송한 지 15분도 되지 않은 암호문이 영어로 번역되어 영국 해군 제독 앞에서 읽히고 있었다. 그들은 대서양 영국 상선을 공 격한 U-보트 통신 역시 깨고 들어갔는데, 당시 북대서양을 장악 하던 U-보트의 영향력을 약화하지 못했다면 1944년 연합군의 노 르망디 상륙 작전은 1년 이상 지연되었을지도 모른다. 그 때문에 전쟁이 2~3년 계속되었다면 2천만 명 정도의 희생이 더 있었을 거라니, 그들이 종전에 기여한 크기는 얼마만 할까? 이 과정에서 태어난 최초의 전자컴퓨터 10대 중 2대가 생존해 앞으로의 새 시대를 열었다는 점 역시 그에 못지않다.

1952년 국왕 조지 6세는 고통스러운 외과수술을 비상한 용기로 견뎌내면서 최후까지 깨끗이 집무를 하다가 서거했다. 제2차 세계대전 발발 당시 죽을 위기를 겪으면서도 버킹엄궁에 남아 끝까지 국민과 함께하며 영국민을 단합시킨 왕이었다. 일반 국민과 마찬가지로 음식 배급을 제한받았고, 난방이 안 되는 궁전에서 생활하며 포탄이 떨어지는 전장과 공장을 방문해 병사를 격려했다. 종전 선포에 관례를 깨고 버킹엄 왕궁의 발코니에 전시 수상이었던 처칠을 초대해서 대중과 함께 박수갈채를 받았다. 엘리자베스 2세의 아버지가 최고의 국왕이라는 기억으로 국민에게 남은 이유였다.

전쟁 후 영국은 많은 식민지를 잃었고, 20세기 중반 이후로는 식민지에서 독립한 국가들로 구성된 영연방을 유지하고 있다. 입헌군주제를 기본으로 근대적 의회제도와 의원내각제를 전 세계로 전파한 국가, 산업혁명으로 가장 먼저 산업화한 나라, 19~20세기 초 해가 지지 않는 나라로 불리던 초강대국, 제2차 세계대전 이후 쇠퇴했다고는 하나 여전히 세계를 이끄는 강대국. 영국 역사는 그 자체로 하나의 교훈처럼 보인다. 과거의 영광과 실패, 전통과 변화가 어우러진 역사가 담겨 영국의 현재와 미래를 향한 방향성을 제시한다는 점에서 영국 파운드에 담긴 인물들은 아직도 찬란하게 살아 있다.

자유, 평등, 혁명 그리고 파리

프랑스

서유럽의 노른자위에 존재하는 나라. 프랑스인의 옛 조상은
'골'이다. 프랑크족은 로마제정 말기 골에 침입해 5세기경 메
로빙거(메로베우스)왕조를 세웠다. 프랑크족 중 살리족과 리푸라
이족이 거주했던 땅은 '프란키아'라고 불렸고, '프랑스'라는 국
명도 여기서 유래했다. 살리족의 클로비스는 랭스의 성당에서 세
례를 받고 가톨릭으로 개종하며 로마교회와 프랑크왕국의 제휴를
알렸다. 리푸라이족에 기원을 두고 있는 카롤링거왕조가 메로빙
거왕조를 계승했는데, 샤를마뉴대제 치세 하에서 전성기를 이루
었다. 800년 서로마 황제의 대관을 받은 그는 프랑스와 독일 왕정
의 시조이며 유럽의 아버지라고 불린다.

　프랑스 민족국가의 틀이 완성된 시대는 카페왕조(987~1328)
다. 창시자 위그 카페는 허약해진 카롤링거왕조와 왕위 쟁탈전을
벌였고, 결국 승리해 10세기 말 국왕으로 선출되었다. 1066년 노
르망디 공작인 기욤, 영어로는 윌리엄이 영국을 정복해 세운 노르
만왕조, 십자군전쟁, 아비뇽의 유수가 카페왕조 대의 프랑스 역사
다. 마지막 직계 자손 샤를 4세의 죽음은 백년전쟁(1337~1453)

의 단초가 되고 발루아왕조를 여는 계기가 된다.

프랑스의 통화는 다양했다. 대표가 리브르다. 이탈리아 리라와 마찬가지로 고대 로마 동전인 리브라에서 유래했다. 프랑스혁명 이후 사용되기 시작한 프랑으로, 다양한 화폐는 통일되었다. 발루아왕조 장 2세 때 만들어진 리브르 투르누아가 전신인데, 별칭이던 프랑이 명칭이 된 경우였다. 보조 단위는 상팀이다. 2002년 2월 17일 통용이 중지되었고 유로화가 대신한다.

프랑의 도안 역시 프랑스인이 가지는 자부심의 원천이 무엇인지 보여준다. 종교전쟁 시기를 넘어 계몽과 혁명의 시대, 그리고 벨에포크와 세계대전까지 프랑스인은 어떤 사건과 인물들로 그들의 선택을 합의했을까?

종교전쟁을 넘어

1598년 위그노들은 낭트 칙령을 통해 종교의 자유를 얻었다. 앙리 4세(1553~1610)의 가장 큰 업적으로, 프랑스에서 36년간 벌어진 종교 내란을 종식하면서 구교도와 신교도 간 평화 공존을 가능하게 한 셈이었다. 모든 백성의 삶을 고려하는 정책들을 시행했기 때문에 왕국에서 가장 인기 있는 통치자가 되었던 그는 종교전쟁 이후 프랑스에 평화와 번영을 가져다주었다.

프랑스 부르봉 왕가를 연 앙리 4세. 위대한 앙리, 좋은 왕 앙리,

50누보프랑(앙리 4세&퐁네프 다리), 1959년 발행

또는 50여 명의 정부를 거느려 호색한이라는 별명도 붙으면서 프
랑스 국민은 오랫동안 그를 기억했다. 국왕이 죽은 지 4년 만에
위대한 치적을 기리는 의미에서 1614년 퐁네프 다리 위에 국왕의
기마상을 세운 이유였다. 프랑스대혁명 기간 중 성난 폭도들에 의
해 파괴되었지만, 1818년 가장 먼저 그의 기마상이 복구되었다.
앙리 4세의 솔직한 매너와 용기, 군사적 성공은 과거에 병약하고
퇴폐적이던 발루아왕조의 마지막 국왕들과 대조를 이루었다.

　14세기 초부터 1589년까지 지속된 발루아왕조는 유럽에 불어
닥친 르네상스, 종교개혁의 폭풍과 함께였다. 특히 프랑스와 1세
는 영국의 헨리 8세, 합스부르크 카를 5세와 동시대 인물로, 밀라
노로 대표되는 이탈리아 도시국가들을 탈취하기 위해 오스트리아
와 전쟁을 벌였다. 레오나르도 다빈치를 초청하는 등 르네상스를
도입했고, 화려한 궁정 문화를 선보였으며, 수도 파리의 위상을
강화했다. 국가의 공문서를 라틴어 대신 프랑스어로 작성하기도
했다.

부르봉왕조가 수립된 계기는 1572년 8월의 '성 바르톨로메오 학살 사건'이었다. 16세기는 가톨릭 국가 프랑스에서 칼뱅주의에 영향을 받은 신교도들의 세력이 커지고 있던 때였다. '위그노'라고 불리는 이들이었다. 국왕 샤를 9세의 여동생이자 가톨릭교도인 마르그리트와 위그노인 앙리가 결혼식을 올리던 축일에 파리 생제르맹 교회의 종소리를 신호탄으로 벌어진, 위그노에 대한 대대적인 학살이었다. 그해 9월, 앙리 4세는 가톨릭으로 개종하기 위한 제단 앞에 무릎을 꿇은 대신 기어코 신교도의 자유를 얻어낸다. 프랑스대혁명 때 루이 16세의 처형으로 단절되었다가 복귀한 후 1830년 혁명으로 막을 내릴 부르봉왕조의 시작이었다.

프랑스의 위대한 세기

부르봉왕조는 중앙집권제와 왕권 강화를 추구했다. 프랑스혁명 이후 구체제(앙시앵 레짐)로 불릴 근대 초기 프랑스 정치체제였다. 실질적으로 절대왕정을 완성하고 혁명 전까지 서유럽에서 프랑스의 패권 시대, 즉 프랑스의 '위대한 세기'를 확립한 인물이 추기경 리슐리외(1585~1642)다.

그의 업적과 존재감이 너무 강렬해 주군인 루이 13세는 상대적으로 평가절하될 정도다. 행정 및 사법 제도를 개편한 한편, 프랑스어의 순수성을 보존하고 문화 발전을 위해 아카데미 프랑세즈

10누보프랑(리슐리외 추기경&팔레 루아얄), 1959년 발행

를 창설했다. 15살 빅토르 위고가 문학적 재능을 발현시키기 시작한 때가 아카데미 프랑세즈 콩쿠르에 입상하면서였다.

리슐리외는 1642년 에스파냐와의 전쟁 도중 병사했는데, 들것에 실려 죽어가면서도 전쟁을 지휘했다. 사망하기 전, 자신이 신임한 마자랭을 후임자로 루이 13세에 천거했으며, 많은 유산 역시 왕에게 남겼다. 그가 살던 대저택이 이때 왕실 소유가 되었는데, 오늘날 파리 국립공원으로 개방된 사색의 정원 팔레 루아얄이다.

루이 13세가 늦게 본 아들 루이 14세(1638~1715)는 5세가 되기 전 왕이 되었다. 대관식을 가진 후에도 물론 국정은 추기경 마자랭 담당이었다. 어린 시절 프롱드의 난 와중 반란 세력의 포로가 되기도 했던 사건은 루이 14세의 인격 형성에 중대한 영향을 미쳤다. 여차하면 들고일어나는 귀족들과 조변석개로 변하기 쉬운 백성들의 민심을 잘 터득한 것이다. 1661년 마자랭이 죽자, 재상 제도를 폐지하고 실질적인 친정을 실시한다. 왕국의 대귀족들을 통제할 정치기구를 하나 구상했는데, 한곳에 모아 놓고 항상

500누보프랑(몰리에르&당시 팔레 루아얄), 1959년 발행

100프랑(피에르 코르네유&베르사유궁 오페라극장), 1964년 발행

50프랑(장 라신&포르 루아얄 드 샹 수도원), 1962년 발행

감시할 수 있는 곳, 바로 베르사유궁의 건설이었다.

77세를 일기로 세상을 떠난 루이 14세는 유럽 군주 중 최장기 집권자라는 기록을 남겼다. 섭정과 친정 기간을 모두 합해 72년 3개월 18일. 전쟁으로 영토를 확장했고, 절대왕권을 강화한 한편, 근대적인 정부 시스템을 남겼다. 도시 미화 사업을 했고, 예술과 문학의 융성을 일으켰다. 특히 예술과 철학 면에서 가장 위대한 시기였다. 그런 분위기에서 코르네유, 몰리에르, 장 라신 같은 프랑스 3대 고전문학 작가가 배출될 수 있었음은 물론이다.

그러나 낭트 칙령을 폐지하는 종교적 불관용으로 인해 20만 명의 위그노가 망명해 숙련 노동자를 잃었다. 전쟁과 사치로 국고 역시 피폐해졌다. 치세 말기 26년간 축적된 조세 수입은 13억 리브르 이상이었으나 지출은 거의 50억 리브르였다. 루이 14세는 프랑스를 강국으로 수립함과 동시에 왕조의 역량을 자기 대에서 대부분 소모한 뒤 왕위를 증손자인 루이 15세(1710~1774)에게 넘겼다.

혁명과 제국의 롤러코스터

루이 14세 이후 가장 긴 59년 권좌에 있던 루이 15세가 혹평 속에 천연두로 사망한 뒤 손자 루이 16세(1754~1793)가 왕위에 올랐다. 전대 국왕이 남겨 놓은 과제 속에 허우적대던 왕은 1789년 정치와 재정에서 도저히 헤쳐 나갈 수 없는 위기를 맞는다. 세금을 신설하기 위해 삼부회를 소집했고, 이는 1614년 이후 처음이었다. 그러나 투표 방식이 머릿수 표결이 아님을 알아챈 3신분 대표는 국민주권론을 천명해, 국민의회임을 선포한다. 7월 14일 바스티유 습격의 성공은 프랑스대혁명의 시작을 알렸다. 혁명과 함께 전국에 대공포가 휩쓰는 사이 '인간과 시민의 권리선언문'이 채택되었고 성직자의 재산은 몰수되었다.

1791년 6월 국왕 일가의 국외 탈출 시도는 국왕이 신뢰할 수 없는 존재임을 각인시켜 준 사건이었다. 오스트리아 출신 왕비 마리 앙투아네트의 미숙한 결정을 따른 국왕의 선택으로 입헌군주정은 사라졌다. 국민의회가 국왕 폐위 결정을 내리지 못하자 분노한 파리 시민과 의용군은 '라 마르세예즈 혁명가'를 부르며 튀일리궁

100누보프랑(나폴레옹 보나파르트&개선문), 1959년 발행

으로 진격한다. 군중이 스위스 용병대와 치열한 접전을 벌였는데, 그때 혼란을 근처에서 관람하던 젊은 포병 장교. 양쪽에 다 가담하지 않았던 그는 지레 겁을 먹고 달아나는 국왕을 "저런, 바보!"라고 욕했다. 나폴레옹 보나파르트(1769~1821)였다. 국민공회가 소집되었고, 파리코뮌이 세워졌고, 군주제는 폐지되었다.

1793년 1월 21일 루이 16세의 공개 처형식이 열리고 국민공회에 의한 공포정치로 이어졌다. 공포정치를 이끌던 로베스피에르 몰락 역시 뒤따른 후, 1795년 5명의 총재로 이루어진 총재정부가 수립된다. 인플레와 세금, 실업률은 천정부지로 뛰어올랐지만 무능하고 부패한 정부는 국가 통제력을 잃은 상태였다. 1799년 11월 9일 나폴레옹은 총재정부를 전복한 군사쿠데타, '브뤼메르 쿠데타'를 일으켜 통령정부를 수립하고 스스로 제1통령이 되었다. 프랑스대혁명의 종결과 나폴레옹 독재의 시작이었다.

나폴레옹은 1801년 콩코르다(정교화약)를 통해 프랑스 내 가톨릭 위상을 교황과 협의했다. 가톨릭으로부터 지지를 얻은 화약을 맺은 3년 뒤 나폴레옹의 이름을 딴 법전이 세상에 나와 프랑스혁명에서 얻은 수확물을 법적으로 보호하기 시작한다. 그해 대관식을 거행하면서 황제 나폴레옹 보나파르트가 되었다.

이듬해인 1805년 12월 2일, 나폴레옹 1세가 지휘하는 프랑스군은 알렉산드르 1세가 지휘하는 러시아-오스트리아 연합군을 격퇴했다. 프랑스제국에 대항해 결성된 3차 대프랑스 동맹을 효과적으로 분쇄한 아우스터리츠전투. 이 승리를 기념하기 위해 세워진 기념물이 파리의 개선문이다. 트라팔가르전투의 패배에도 불구하고 신성로마제국까지 해체하는 데 성공한 나폴레옹은 1807년 여름 '유럽의 평화를 회복한 자'라는 새로운 명성을 얻고 개선문을 통해 파리에 당당히 입성했다.

나폴레옹의 몰락은 1812년 러시아 원정이 결정적이었고, 1815년 엘바섬을 탈출한 나폴레옹이 워털루 근처에서 패배하며 나폴레옹전쟁은 끝난다. 그러나 그가 근대 유럽사에 미친 영향은 막대했다. 빈 회의를 통해 세워진 빈 체제는 유럽을 나폴레옹 이전으

100프랑(외젠 들라크루아&〈민중을 이끄는 자유의 여신〉), 1978년 발행

로 되돌리려 했다. 민족주의와 자유주의는 이에 맞서며 19세기 유럽 전체를 뒤흔들 예정이었다. 중남아메리카에서는 에스파냐에 대항해 일시에 독립전쟁이 벌어지고, 독일 연방과 이탈리아반도는 통일을 위한 기반을 마련한다. 영국은 세계적인 초강대국으로 발돋움할 시기다.

들라크루아(1798~1863)의 〈민중을 이끄는 자유의 여신〉 작품 속, 아마도 프랑스와 공화국의 상징 마리안느일 듯한 '자유'라는 여신이 들고 있는 깃발은 흰색이 아니다. 부르봉 왕가의 깃발이 아닌 프랑스혁명의 삼색기. 루브르박물관에 있는 전시되고 있는 작품은 1830년에 만든 것으로, 7월혁명을 기념하기 위해 그린 작품이기 때문이다.

나폴레옹을 무너뜨린 유럽 국가는 모두 정통과 보수를 기치로 내세운 빈 체제에 합의했으나, 이런 빈 체제를 뒤흔들어 붕괴시킨 것은 다시 프랑스의 혁명이었다. 1830년에 일어난 7월혁명은 샤를 10세(1757~1836)의 반동 정치 때문이었다. 나폴레옹 몰락 후 정통주의 원칙에 따라 부르봉왕조의 왕정복고가 일어났고, 루이 16세와 루이 18세의 동생인 샤를 10세가 즉위했다. 절대왕정을 회복하려 했던 그는 1830년 총선에서 자유주의 세력이 승리했음에도 의회 해산, 언론 탄압, 시민의 선거권 박탈을 내포한 칙령을 발표했다. 7월 27일 봉기한 파리 시민들. '영광스러운 3일' 동안 혁명 끝에 입헌군주제를 채택해 루이 필리프를 왕으로 추대, 7월 왕정이 세워졌다.

5누보프랑(빅토르 위고&팡테옹), 1960년 발행

　빅토르 위고(1802~1885)라는 프랑스의 위대한 작가의 탄생을
알린 것은 7월혁명 이듬해인 1831년, 29세에 출간한 경이로운 소
설 《파리의 노트르담》이다. 이 어둡고도 낭만적인 이야기는 블록
버스터가 되었고, 무수한 외국어로 번역되었으며, 영어로는 《노
트르담의 꼽추》라는 제목을 얻었다. 위고의 또 다른 대표작 《레
미제라블》은 1851년 나폴레옹 3세의 압제로부터 피신한 곳에서
망명생활을 하며 완성할 터였다.

　나폴레옹 3세는 결과적으로 1848년 2월혁명의 산물인 셈이다.
당시 산업혁명의 진전으로 노동자, 상공 시민층이 증가하고 사회
주의 사상이 확산하고 있었다. 그러나 7월 왕정 역시 보수화되었
고, 정부는 상공 계층과 노동자들의 선거권 확대 요구를 탄압했
다. 노동자를 포함한 파리 민중은 선거권 확대를 요구하며 혁명을
일으켰고, 2월혁명이라 명명된 이 사건으로 이틀 만에 7월 왕정은
붕괴되고 공화정이 수립된다. 이는 오스트리아 3월혁명으로 번져
메테르니히가 추방되고 빈 체제는 무너졌다. 헝가리와 이탈리아

역사도 움직이게 했다.

그러나 급진적인 변화를 두려워한 중산층은 보수화되었고, 루이 나폴레옹(1808~1873)이 프랑스의 초대 대통령으로 선출되는 결과를 가져왔다. 나폴레옹 보나파르트의 조카는 결국 쿠데타로 공화국을 붕괴시킨다. 국민투표를 통해 나폴레옹 3세 황제로 즉위할 수 있던 이유였다. 프랑스의 영광을 재현한다는 기치 아래 자유를 억압하는 대신 상공업 장려, 정치적 안정을 내세운 나폴레옹 3세는 크림전쟁, 인도차이나 진출, 멕시코 원정, 중국의 2차 아편전쟁, 여기에 조선의 병인양요까지 대외 팽창에 열성을 다했다.

그런 무모한 원정은 프랑스 정국을 혼란으로 이끌었고, 프로이센의 불세출 정치가 비스마르크가 이끌던 프로이센과의 전쟁에서 패배하며 제2제정은 무너진다. 나폴레옹 3세는 망명에 들어갔고, 빅토르 위고는 전쟁 패배에 끝까지 저항했던 파리코뮌의 처절한 싸움의 흔적이 남은 파리로 돌아왔다.

1885년 사망한 빅토르 위고가 묻힌 곳은 생전에 그가 그렇게 싫어하던 팡테옹이다. 본래 팡테옹이 있는 언덕은 파리의 수호 성녀 생 주느비에브에게 봉헌된 성당, 수도원이 있던 자리였다. 교회와 그 적인 세속주의자는 거의 한 세기 동안 팡테옹을 놓고 싸워 온 터였다. 정부가 바뀔 때마다 능묘에서 성당으로, 다시 능묘로 바뀐 이유였다. 한동안 탄약고이자 코뮌 본부로 쓰였다가 질서 회복 이후 보수적인 정부는 다시 성당으로 돌렸는데, 공화파가 들어선 후 프랑스 최고의 위인이 묻히는 명성과 영예의 전당인 팡테옹으로 복귀했다. 빅토르 위고의 관은 개선문 아래 안치해 두었다가 200만 명에 가까운 군중이 지켜보는 가운데 팡테옹을 향해 출발했다.

제3공화국과 벨 에포크

1871년 이후 제1차 세계대전이 발발하는 1914년까지 유럽에서 전쟁이 없었던 평화 시기를 일명 '아름다운 시절', 프랑스어로 '벨 에포크'라고 부른다. 3공화국으로 벨 에포크를 맞은 프랑스. 패배의 굴욕은 물론이고 코뮌 봉기로 겪은 광범한 파괴에 더해 독일에 막대한 전쟁보상금을 치러야 하는 현실에 맞닥뜨렸다. 50억 프랑! 2년 반의 국가 예산에 맞먹는 미증유의 액수였지만 프랑스인들은 받아들였다. 코뮌이 해체되고 한 달 만에 20억 프랑이 독일에 건네졌다. 비스마르크는 놀라움을 감추지 못했다.

그러나 1870년대 중반 시작된 경제 침체는 1880년대에 접어들자 악화했다. 빈곤과 불만이 팽배한 가운데 공화국 정부는 제국주의 경주에 뛰어든다. 프랑스의 위상을 높이면서 국내의 불만을 다른 곳에 돌리려는 의도였다. 이미 샤를 10세 때 북아프리카의 알제리를 점령한 터였다. 1881년 봄 튀니지로 영향력을 확장했고, 동남아시아를 넘보았다. 20세기 벽두에 총리가 될 조르주 클레망소는 식민지 확장에 강하게 반대하며 당시 프랑스 총리이자 자신

200프랑(구스타브 에펠&에펠탑), 1995년 발행

의 오랜 정적에 대한 공격을 개시한다. 교육부 장관 시절 실시한 무상 의무교육과, 식민화를 '문명화의 사명, 계몽의 의무'라고 하며 베트남을 식민화한 것으로 유명한 그, 쥘 페리였다.

1880년부터 쥘 페리 정부에서는 또다시 만국박람회를 열자는 바람을 불러일으켰다. 파리에서 1855년과 1867년에 이어 1878년에도 열렸으니 1889년 박람회 간격은 알맞았다. 대혁명 100주년이라는 구실도 매력적이었다.

1886년 6월 파리박람회를 위한 300미터 거탑이 공모전에 당선되었다. 세계에서 가장 뛰어난 다리들과 자유의 여신상 내부 골조를 만들었던 귀스타브 에펠(1832~1923)의 시도였다. 3년 뒤 끝맺게 될 공사는 기초공사만 5달 이상 걸렸다. 그동안 반대 여론은 계속되었는데, 파리의 많은 유지와 예술가는 샹 드 마르스에 세워져 파리를 내려다볼 쓸모없고 흉측한 탑을 세우는 데 반대하는 경고를 보냈다. 에펠은 물론 단호하게 대응했다.

공모전 당선 1년여 뒤 실제로 탑이 올라가기 시작했다. 1만8천 개의 미리 조립된 부분들이 현장으로 배달되어 거대하고 완벽한 세트를 이루었다. 1889년 5월 박람회 개막에 맞추어 대대적인 과업을 완성한 에펠. 탑은 약 200만 명이 방문한 박람회의 스타가 되었다.

근처 대리석 창고의 스튜디오에 있던 로댕은 일부러 시간을 내어 탑의 엘리베이터를 타고 첫 번째 플랫폼까지 올라갔으며, 거기서 카미유 클로델을 비롯한 친구들과 점심을 먹었다. 공쿠르는 탑을 혐오했으나 마지못해 졸라를 비롯한 친구들과 거기서 만나 저녁을 먹기로 했다. 엘리베이터를 탄 공쿠르는 멀미가 났지만, 일단 플랫폼에 올라가자 눈 앞에 펼쳐지는 전망에 넋을 잃었다. 7월의 맑은 저녁, 거대한 파리가 한눈에 들어왔다. 가장 격렬히 반대하던 예술가들조차 그 결과에 승복한 셈이었다.

에펠은 탑을 완성한 첫해에 제작비용을 회수했다. 물론 레셉스의 부탁으로 참여했던 파나마운하가 파산하며 재판에 휘말렸고

100프랑(폴 세잔), 1997년 발행

그 때문에 은퇴해야 했지만 말이다.

1894년 마네가 뒤레 소장품 전시회에서 감탄했던 화가 중 한 사람은 폴 세잔(1839~1906)이었다.

"가장 내 마음에 든 것은 그의 사과 그림이다."

오래전에 자신을 인정하지 않는 파리를 포기하고, 고향 엑상프로방스에 틀어박혀 그림을 그려온 세잔. 그를 드디어 세상이 알아보기 시작하면서, 세잔은 결국 살아 있을 때 현대미술의 기원을 상징하는 전설적인 인물이 된다.

사과로 파리를 뒤흔들 거라던 세잔에게 처음 사과를 건네주었던 고향 친구가 에밀 졸라(1840~1902)다. 드레퓌스 사건에 관해 〈나는 고발한다〉라는 글을, 클레망소가 주필로 있던 신문 1면에 실어 프랑스의 양심을 일깨운 에밀 졸라. 세잔과 졸라 둘 다 결국은 자기 분야에서 정상에 올랐다. 졸라가 세잔보다 훨씬 빠르게 성공한 뒤 세잔과의 오랜 우정은 식어갔지만 말이다. 대신 졸라는 자신과 생각이 비슷한 작가, 화가의 모임에서 모네, 마네, 르누아르 같은 앞으로 '인상파'라고 불릴 친구들을 만들었다.

현대, 프랑스의 선택

1914년 초만 해도 프랑스는 전쟁을 예상하지 않았다. 8월, 전 국민이 조국 수호라는 기치 아래 2년간 열광적으로 일치단결했지만, 낭만적인 생각으로 전쟁에 자원했던 젊은이를 기다리던 것은 그야말로 생지옥이었다. 클레망소는 1917년 11월 전쟁 기간 중 가장 어둡고 암울했던 시기에 76세 고령으로 프랑스 총리가 된다. 3년간 참호전에 지친 프랑스인들이 클레망소에게 도움을 청해 다시금 자신들의 총리로 세운 것이다. '승리의 아버지'가 된 클레망소는 전 국민을 규합시켰고, 윈스턴 처칠의 모델이 되었다.

클레망소의 지휘 아래 승전국이 된 프랑스. 베르사유조약은 그가 요구한 대로 베르사유궁전 거울의 방에서 거행되었다. 1871년 패배를 설욕하기 위해서였다. 독일에 대한 거액의 배상금 요구에도 철저했던 것은 물론이다. 그러나 패전 국가에 강권한 이 조약은 20년 후 제2차 세계대전의 씨앗을 뿌렸고, 1929년부터 시작된 대공황으로 인한 파국은 이탈리아와 독일, 일본 등지에서 전체주의 확산을 일으키며 그 길을 냈다.

1940년 6월 22일 독일에 점령당한 프랑스는 히틀러의 독일과 휴전에 서명했다. 독일은 프랑스의 반을 합병시켰고, 나머지 반은 페탱이 이끈 비시 정권의 수중에 두었다. 1944년 6월 6일 연합군의 노르망디 상륙작전이 성공할 때까지 이 정권은 유지될 터였다.

프랑스의 공군 장교이자 《어린 왕자》의 작가로 알려진 생텍쥐페리(1900~1944). 항상 자유롭게 하늘을 날고 싶다던 그는 1944년 7월 31일, 지중해 상공에서 정찰비행을 하다 실종되었다.

두 번째 비행에서 조종 미숙으로 항공기를 파손한 탓에 조종 부적합 판정을 받고 지상 근무 중이던 그는 공군 사령관에게 끈질기

50프랑(생텍쥐페리&어린 왕자&유럽-아프리카 지도), 1994년 발행

게 청탁해 다섯 번의 조건부 비행을 허락받는다. 노르망디 상륙
작전으로 연합군이 공세에 나서기는 했지만, 상륙 직후 약 두 달
간은 진격이 더뎠기에 프랑스 지역 대부분은 나치 독일군의 영향
력 아래에 있던 터였다. 그가 탑승한 라이트닝 정찰기는 비무장에
다 비행 성능도 압도적이지 않았다. 그런 판에 단독 비행이었으므
로 독일군의 공격에 취약할 것은 뻔했다. 결국 비행을 하던 와중
에 영영 돌아오지 못한 것이다.

한편, 비행기를 타고 보르도에서 런던으로 탈출한 항전파 샤를
드골(1890~1970) 장군은 자유 프랑스를 대표하면서 구국운동을
벌였다. 생텍쥐페리가 실종된 지 한 달이 채 안 된 8월 25일 파리
는 해방되었다. 드골의 자유 프랑스 육군이 파리 내의 레지스탕스
와 시민의 협조로 이루어낸 승리였다. 수십만 파리 시민의 열렬한
환호 속에 개선 행진을 하며 해방자 드골의 신화가 만들어졌다.

"위대하지 않은 프랑스는 프랑스일 수가 없다!"

드골의 목소리였다.

1946년 11월 총선에서 공산당이 원내 제1당으로 올라 정계 은퇴를 선언한 드골을 다시 불러들인 것은 알제리 문제였다. 당시 프랑스 제4공화국은 수에즈전쟁에서 패퇴, 1차 인도차이나전쟁 패배, 알제리전쟁의 장기화로 인해 위기에 직면했다. 특히 알제리의 저항은 처참한 살육과 전쟁으로 프랑스에도 큰 반향을 불러일으켰다.

드골은 우파, 중도파의 기대를 무너뜨리고 알제리에 민족자결 원칙을 적용할 것을 천명했다. 알제리 독립 진영과 협상을 시작해 에비앙협정을 체결했고, 1962년 7월 3일 알제리의 독립은 승인되었다. 장장 1830년부터 132년간 알제리 지배가 대단원의 막을 내리는 순간이었다. 이듬해에는 서독의 아데나워 총리와 회담해서 독일의 오랜 갈등 관계를 종식하고 경제, 외교 분야에서 협력하는 '독일-프랑스 화해 협력 조약'을 맺었다. 유럽연합이 시작된 만남이었다.

500프랑(마리 퀴리&피에르 퀴리), 1994년 발행

1995년, 팡테옹은 폴로늄과 라듐의 발견으로 노벨상을 두 차례나 수상한 마리 퀴리(1867~1934)를 마침내 맞아들였다. 그녀가 죽은 지 60년이나 지나서였지만, 생전에 전문직의 젠더 장벽을 뚫었듯이 마침내 그녀는 능묘의 젠더 장벽도 뚫은 셈이다.

지폐 도안에 프랑스인 남편보다 폴란드인 마리를 앞에 배치한 프랑스. 인종차별이 심하고 시민 편의시설도 열악하고 당장 생활해내기가 쉽지 않은 곳임을 익히 알고 있음에도 프랑스어를 배워 파리로 날아오르고 싶게 만드는 무언가가 있는 나라. 절대왕정에 저항한 피가 흐르는지 틈만 나면 자유를 외치는 파업과 시위 소식으로 어리둥절하게 만드는 나라. 독일이 통일하겠다고 하니 프랑까지 포기하며 하나의 통화권을 만들기를 요구해 결국 유로 체계를 성공적으로 만들어낸 나라. 유로화로 사라진 것이 아까우리만치 독특한, 한 폭의 그림 같은 도안을 가진 지폐 프랑의 나라.

"나에게 이 도시는 그저 하나의 도시가 아니에요."

사랑할 수밖에 없는 도시 파리를 향한 헌정시 같은 노래가 한창 유행했던 가을이 있었다. 사람들이 떠올리는 파리는 마법, 사랑과 바게트이지만, 노래하는 자신에게는 열정의 역사, 사랑한 사람과의 추억이라는. 그뿐일까. 역사가에게 파리는 프랑스의 심장이자 살아 있는 자유와 평등을 향한 혁명의 기억, 나폴레옹의 제국과 코뮌이 함께 존재하는 곳이다. 파리에서 시작된 프랑스의 뜨거운 길은 미래 어디로 어떻게 이어질까?

마르크에서 유럽의 미래로

독일

두 차례 세계대전의 발발을 독일과 떼어 놓고 생각하기는 어려운 일이다. 그러나 세계대전 이후 급격하게 몰아친 냉전은 그와 관련된 기억을 덮고 왜곡했다. 철의 장막 서쪽, 서독을 동맹으로 포용하려는 열망, 경제발전을 향한 일치단결, 열렬한 반공주의는 과거에 대한 시각을 흐리게 했다. 동유럽권 각국 정부는 파시즘을 과거라 선언하고, 그런 과거를 조사하거나 나치에 부역한 사람을 색출하지 않았다. 철의 장막 양쪽에서 수십 년 절대다수의 사람은 가정생활을 소중히 여기며 사생활을 즐기고 긴장을 풀었다.

그간 많은 역사가에게 든 의문은 합리적이고 이성적인 데 두 번째 가라면 서러워할 독일 국민이 어떻게 그런 집단적인 광기 속에 전쟁을 일으키고 이어갈 수 있었는가였고, 답은 무수했다. 독일 출신 유대인 망명자 한나 아렌트는 1962년 《예루살렘의 아이히만》에서 '악의 평범성'을 말했다. 전체주의는 사회의 도덕적 붕괴라고 이야기한 그는, 괴롭힘을 당한 사람만큼 괴롭힌 사람도 똑같이 인간의 감정과 저항 능력이 파괴되었다고 하며 많은 사람을 당혹하게 했다. 평범한 사람이 극악무도한 짓을 태연하게 저지를 수 있었음을 확인하며 누구든지 그렇게 변할 수 있음을 역시 돌아보게 했다는 점에서 무언가 새로운 국면이었을까?

베를린장벽이 무너지고 새로운 통일국가가 탄생하자 독일은 다시 한번 역사 앞에 서야 했다. 특히 서독은 냉전 동안 마셜 플랜의 주요 수혜국으로 번영을 누리고, 외교적 책임에서 벗어났던 상황에서 빠져나와야만 했다. 통일독일이 존재한다는 것만으로도 이웃 국가가 불안하고 미심쩍은 눈빛을 보내는 상황에서 독일은 어떻게 변화했는지 증명해야 했다. 이미 역사적으로 오랜 적이던 프랑스와 화해했던 터에 의석수와 분담금에서 보이듯 유럽연합의 중심을 자처한 이유일 것이다. 유럽의 평화와 경제적 발전을 위한 독일의 역할이었다.

그 자세는 독일 화폐가 유로화로 바뀌기 전 마지막 마르크 시리즈의 도안에서도 보인다. 마르크는 당시 유럽에서 가장 안정적인 통화였다. 보조는 페니히. 유로화 도입 이전 각국 환율을 맞추는 기준이 마르크였으니, 마르크의 자리를 유로가 대체했다고 봐도 과언이 아닌 셈이다. 마지막 마르크의 디자인이 세계 각국 신권에 영향을 주었다고 하는데, 독일 역사를 이끈 그 유명한 수많은 왕과 정치가는 눈을 씻고 봐도 찾아볼 수 없고, 오직 17~20세기 학문과 예술 분야 인물들로만 채워 있다. 그 자체가 독일 역사 발전 단계를 보여주는 듯해 의미가 남다르다. 물론 그 사람들이 살아냈던 각각의 시대가 하나같이 독일 역사 속의 격변기라는 점은 놀랍지만.

종교개혁, 독일을 나누다

게르만인 중 일부가 갈리아 지방에 정착해 프랑크왕국을 세웠고, 카롤루스 대제(프랑스에서는 샤를마뉴로 불리는) 사후 동프랑크가 독일의 기원이 되었다. 많은 공국이 세워졌고, 962년 오토 대제가 현재 헝가리인 마자르족의 침입을 막고 로마 교황을 구하며 황제의 관을 받는다. 신성로마제국의 탄생이었다.

이후 제국의 황위는 독일 지역 왕들로 이어졌다. 카노사의 굴욕으로 유명한 하인리히 4세(영어로는 헨리 4세), 강력한 통치를 자랑한 붉은 수염 바르바로사 프리드리히 1세, 자신이 차지한 수많은 왕관을 나란히 감상하며 가장 큰 즐거움을 느꼈다는 프리드리히 2세가 그 대표다. 이후로 야심 찬 제후들은 강력한 왕의 탄생을 두고보지 않았다. 대공위시대의 분열기를 거치며 황제 자리도 합스부르크에게 넘어간 시대. 중세의 독일이라고 보통 이야기하는 시대다.

역사상 최초로 독일 민족의 윤곽이 드러나는 때는 15~16세기 무렵이라고 한다. 그때까지도 독일이라는 실체는 없었다는 의미다. 비슷한 언어를 쓰는 넓은 지역에 신성로마제국이라는 이름의 느슨한 정치 연합체가 있었을 뿐. 프랑스, 영국 등이 '국가', '국민'을 만들어가던 때, 이들은 민족 신화를 지속적으로 지탱할 정치적 틀도, 언어적 토대도 미약했다.

마르틴 루터(1483~1546)의 종교개혁은 유럽에 다가올 세기의

5동독마르크(토마스 뮌처), 1975년 발행

독일을 각인시킨 사건이었다. 비텐베르크의 수도사 루터가 1517
년 10월 31일 95개조 반박문을 내건 것은 로마가톨릭의 면벌부
판매, 성직자들의 권력 남용이 신학적인 기반을 상실한 대사건이
었다. 신성로마제국에서 추방당한 루터는 9개월 동안 선제후 프
리드리히의 보호 아래 지내면서 성경을 독일어로 번역했다. 민족
의 필독서가 될 성경처럼 그의 종교적 논문과 서한문도 커다란 반
향을 불러일으켰다.

  독일 신교 지역에서는 루터의 언어로 적어도 문화적으로는 통일
이 이루어진다. 그러나 1555년 아우크스부르크 종교회의를 통해
지방 영주가 종교를 규정한다고 선언함으로써 제국의 분열은 종
교적 분열로 더 강화, 심화하기 시작했다.

  토마스 뮌처(1489~1525)는 종교개혁 초기 마르틴 루터와 협력
했다. 점차 그의 운동을 비판하면서 '빈부의 격차가 없는 사회가
하나님의 축복을 받는 나라'라고 설교하다가 추방된다. 뮐하우젠
에서 억압과 착취가 없는, 자유와 정의가 있는 새로운 세상을 주

500마르크(마리아 지빌라 메리안), 1991년 발행

장하며 농민을 이끌고 반란을 이끌다가 실패해 교수형을 당했다.
사회주의 사상의 최초 모습이라고도 하는데, 동독 마르크에서 마
르틴 루터 대신 지폐 도안으로 선택했던 이유일 것이다.

관찰을 통해 곤충의 생애 주기를 밝혀낸 최초의 생태학 연구가
마리아 지빌라 메리안(1647~1717). 애벌레가 변태 과정을 거쳐
곤충으로 변한다는 사실을 알아냈다. 52세 중남 아메리카의 네덜
란드 식민지였던 수리남으로 건너가 2년여 동안 연구한 관찰 기
록을 모아 《수리남 곤충의 변태》(1705)를 발간했다.

관찰한 다양한 곤충과 그들의 생애 주기를 묘사한 작품으로, 직
접 그린 뛰어난 일러스트는 예술적인 미감과 과학적 정확성을 동
시에 갖추었다 평가받는다. 네덜란드 출신 정물화가였던 계부가
그에게 있던 천재적인 소질을 발견하고 회화를 가르친 덕분이랄
까. 유럽식 근대화와 개혁을 추진한 러시아 표트르 대제는 그녀의
작품을 구하도록 명령을 내리기도 했다고 한다.

메리안이 태어난 이듬해, 독일을 황폐화한 30년전쟁이 마무리되는 베스트팔렌조약이 체결되었다. 종교개혁 선구자 후스의 고향에서 시작된 이 전쟁은 최후의 종교전쟁이자 최초의 국제 전쟁이다. 17세기 초 구교와 신교 양 세력의 제후들은 서로 연맹을 결성해 대립했다. 아우크스부르크 종교회의가 초래한 당연한 결과일 터다. 그 와중에 합스부르크가의 페르디난트 2세가 보헤미아 왕국 왕위에 올라 가톨릭 신앙을 강요한다. 화가 난 보헤미아 신교도들은 프라하성을 점거한 뒤 황제 고문관과 서기관을 창문으로 던져버렸다. 30년전쟁의 불씨도 던져졌다. 네덜란드, 덴마크, 스웨덴, 프랑스까지 서유럽 거의 모든 국가가 전쟁 당사자가 된 30년. 피비린내 나는 전쟁 끝에 베스트팔렌에 모여 개인에게 종교의 자유를 보장하는 데 합의한다.

종결 후 유럽 정치세력 구도는 근본적으로 변한다. 황제 군을 도왔던 에스파냐는 네덜란드와 서유럽의 주도적인 위치를 잃었다. 스웨덴은 발트해 지배권을 장악했고, 네덜란드와 스위스는 독립국으로 승인받았다. 신성로마제국은 사실상 해체되었고, 독일은 폐허가 된 영토 위에 초토화된 300여 개 영방국가로 남았다.

유럽 중심부에 있는 독일은 9개 국가와 국경을 접한다. 유럽에서 러시아 다음으로 많은 나라와 그것도 사방에 국경선을 맞대고 있는 까닭에 국력이 강해지면 유럽의 중심이 되고 약해지면 주변 강대국의 먹이가 되기에 십상이었다. 유럽 강대국은 자신들의 이해관계 조정과 이익 추구를 위해 유럽 중앙에 분열되고 취약한 일종의 완충지대 혹은 전쟁 수행을 위한 무대가 필요했다. 독일은 쇠약해지면 분열될 수밖에 없는 위치에 있는 셈. 그 때문에 오랫동안 정체성을 로마에 두며, 신성로마제국이라는 이름으로 살았던 것이다. 그러나 점차 새로운 시대가 가까이 오고 있었다.

프로이센왕국의 등장

프리드리히 빌헬름(1620~1688)은 베스트팔렌조약으로 상당히 넓은 영토를 획득하고, 중상주의 정책으로 국력을 강화한 인물이다. 낭트칙령 철폐로 프랑스를 탈출한 2만여 명의 위그노를 받아들여 상공업을 발전시키고 근대화에 매진했다. 그의 아들 프리드리히 1세(1657~1713)는 에스파냐 왕위 계승 전쟁에서 오스트리아를 원조한 대가로 국왕 지위를 인정받아 프로이센 호엔촐레른 왕가의 초대 국왕이라고 불린다.

50마르크(발자타어 노이만), 1989년 발행

사실 그가 1701년 처음 프로이센 왕으로 스스로 대관식을 가졌을 때 합스부르크는 비웃었다. 영토가 산재했던 허다한 다른 공국처럼 곧 사라지리라 여겼기 때문이다. 그러나 프로이센은 살아남았다. 철저하게 국가를 조직하고 군대를 양성해서 서로 떨어져 있는 국경선에 어떤 이웃 나라의 연합군이 공격하더라도 이를 격퇴한 것이다. 프리드리히 대왕 시기 영토 확장 정책에 성공해 전 유럽에 명성을 떨친 이유였다.

이미 그 부친 프리드리히 빌헬름 1세(1688~1740)는 강력한 상비군을 육성해 군인 왕으로 불리며 강국으로 부상하는 기틀을 마련했다. 검소한 삶을 살았던 그가 하노버 조지 1세의 딸 소피아와 결혼해 낳은 셋째 아들이 대왕 프리드리히(1712~1786)다. 그는 '군주는 국가 제1의 종복'이라는 말로 대표되는 계몽전제군주였다. 종교에 대해 관용 정책을 펴고, 재판에서 고문을 근절했다. 볼테르와 같은 계몽사상가를 포츠담에 지은 상수시궁전에 상주시키고, 학자, 문인과 함께 토론, 음악회를 즐겼을 정도로 책과 음악, 프랑스 문화를 사랑했다. 영토 확장 전쟁에도 승리해, 오스트리아 왕위계승전쟁(1740~1748), 7년전쟁(1756~1763)은 프로이센을 강력한 국력과 군사력을 지닌 유럽 5대 강국의 하나로 만들어 준 듯했다.

발자타어 노이만(1687~1753)은 보헤미아 에거에서 태어나 뷔르츠부르크에서 사망할 때까지 이 프로이센 국왕의 시대를 모두 본 인물이다. 재치가 번뜩이는 훌륭한 건물을 설계한 뛰어난 건축

20동독마르크(요한 볼프강 폰 괴테), 1975년 발행

가로, 궁전, 주택, 공공건물, 다리 등과 100여 개가 넘는 교회를
지었다. 그가 주로 생애를 보냈던 뷔르츠부르크의 주교관은 바로
크 시대 가장 훌륭한 궁전이라 칭송받는다. 지폐 속 노이만의 배
경으로 자리한 곳이다.

18세기 중부유럽의 판도는 아직 명확한 윤곽을 잡지 못했다. 보
호가 필요한 수많은 소 영방국가가 신성로마제국에 애국심을 보
였지만, 제국은 사라지는 신화에 불과했다. 합스부르크가와 호엔
촐레른가의 신민들은 7년전쟁을 치르며 지펴진 자국에 대한 애국
심을 자각해 가고 있었다.

18세기의 마지막 30년 동안 독일 군주는 행정 발달을 요구했고,
제후는 유능한 국가 관리를 양성하기 위해 중고등학교, 대학, 아
카데미 등을 설립했다. 관리, 목사, 법률가, 교사, 의사, 서적 상
인과 그 밖의 다른 고급 직업인으로 구성된, 교육을 받은 귀족과
시민계급이 생겨났다. 이런 교양 계층의 성장은 독일어를 발달시
켰다. 당시 유럽을 지배하던 베르사유궁으로 대표되는 프랑스어

나 프랑스 문화와 의식적으로 구별하면서 독일 교양 계층은 민족적 동일성을 체험했다.

영국인에게 왕과 런던이, 프랑스인에게 나폴레옹과 파리가 국가의 중심이었듯이 독일인에게 괴테와 바이마르가 국가 중심이 된 때가 이 시절이다. 요한 볼프강 폰 괴테(1749~1832). 프랑크푸르트 출신이지만, 그 유명한 소설 《젊은 베르테르의 슬픔》을 쓴 이듬해인 1775년 바이마르로 이주하면서 이 도시를 문화 중심지로 끌어올리는 데 결정적인 역할을 한다. 바이마르의 국정에 참여하기도 했고, 1794년 실러를 만나 독일 바이마르 고전주의를 꽃피웠다. 사망 직전 해에 완성한 작품이 대작 《파우스트》다.

1789년 프랑스대혁명에 대한 독일 지식층의 반응은 열광 그 자체였다. 계몽주의 정신이 정치에도 파급되었다고 여겼기 때문이다. 그러나 혁명은 시시각각 피를 뿌리는 상황으로 변했고, 계몽이라는 이름으로 자행된 1793~1794년 공포정치는 겁에 질린 독일 시민의 열광을 앗아갔다. 괴테와 함께 독일 고전주의 2대 문호

10동독마르크(프리드리히 실러), 1964년 발행

로 일컬어지는 프리드리히 실러(1759~1805)는 특히 《빌헬름 텔》을 통해 프랑스대혁명의 폭력성을 비판하면서 비폭력과 평화를 노래했다. 인류애를 노래한 시 〈환희의 송가〉는 베토벤 교향곡 9번 4악장의 가사로 사용되었고, 이후 유럽연합의 공식 찬가로 채용되어 현재까지 이어진다.

프랑스혁명을 종결시킨 천재 나폴레옹 제국은 프랑스를 넘어 확장되었다. 바이에른왕국 같은 신성로마제국의 주요 제후국조차 동맹 관계를 체결하고 라인동맹의 일원이 되었다. 나폴레옹에 반감이 확산하던 프로이센은 1806년 러시아와 동맹을 맺고 바이에른왕국을 침공했으나 개전 후 불과 한 달도 안 되어 참패했다. 결국 틸지트조약 체결로 저항의 막을 내려야만 했다. 이미 1806년 8월 6일 신성로마제국 황제이자 오스트리아 황제인 프란츠 2세는 나폴레옹에게 빼앗길 바에야 제국을 해체하는 것이 낫다며 신성로마제국의 제위에서 물러나, 1천 년간 이어온 제국을 해체한 터였다.

사실 나폴레옹이 정복한 지역에는 프랑스혁명의 결과인 구체제 종식, 중앙집권화된 국가, 행정의 근대화 및 단일한 법체계 성립 등이 근대적이라는 평가를 받으며 스며들었다. 헤겔은 프로이센의 부패한 관료제도를 파괴하는 나폴레옹을 살아 있는 세계정신이라며 찬양하기도 했다.

그러나 점차 시간이 지나면서 전쟁과 제국의 무리한 요구사항으로 지지는 급격하게 철회되었다. 독일이 나폴레옹의 침략으로 위

1천 마르크(야콥 그림&빌헬름 그림), 1991년 발행

기에 처했다고 본 피히테는 나폴레옹의 이상이 아무리 좋다고 해
도 다른 국가 국민의 주권과 자유를 짓밟은 침략자에 불과할 뿐이
라고 평가했다. 《독일 국민에게 고함》이 나온 이유였다.

1807년 체결한 틸지트조약은 프로이센 지도층에게 굴욕을 안겨
주었다. 전쟁배상금으로 국가 재정이 고갈되었고, 엘베강 서쪽 공
업지대를 상실하면서 심한 경제난에 직면한다. 조약 체결 후 베를
린에 와 있던 나폴레옹의 대륙봉쇄령으로 영국과 무역도 단절되
었다.

프로이센 지식인들은 국력 회복과 나폴레옹 타도를 목표로 개혁
을 시행했다. 프로이센을 근대적 자유주의 체제로 변화시키고 국
민의식을 고양하고자 한 것이다. 융커의 반발로 성공하지는 못했
지만, 프로이센의 19세기 국가적인 틀이 정립되었고 1810년 훔볼
트대학이 세워졌다. 이후 독일어를 사용하는 게르만족끼리 통일
독일을 이룩해 국민이 주권을 갖는 국민 국가로 나아가야 한다는
생각이 지식인과 학생, 부르주아 사이에서 힘을 얻기 시작했다.

독일 민족이 탄생하고 있었다.

이 시기에 그림 형제가 메르헨을 수집하고 출간한 것은 어린이를 위함이기도 했지만, 독일의 민족정신을 밝히려는 뜻도 컸다. 훔볼트대학이 세워진 2년 뒤인 1812년, 최초의 《그림동화》가 출간된 이유였다. 워털루전투에서 프로이센 블뤼허 원수의 저돌적인 공격이 웰링턴의 방어와 함께 나폴레옹을 무너뜨린 것이 이 동화집이 출간된 3년 후다.

1830년 프랑스 7월 혁명의 영향을 받은 자유주의 운동이 일어나 지적인 젊은 세력이 민주적인 사회개혁을 요구하고 나섰고 그림 형제 역시 행동에 나섰다. 1848년 혁명이 발생하자 그림 형제는 시의회 의원으로 선출되었는데, 야콥(1785~1863)은 프랑크푸르트 국민회의를 대표하는 인물 중 한 명으로 여겨질 정도였다.

프랑크푸르트 국민의회는 임시정부를 설치하고 민주적 통일을 위한 헌법 초안 심의에 들어갔다. 프로이센 중심의 소독일주의와 오스트리아 중심 대독일주의가 통일 주도권을 두고 팽팽히 맞선 상황에 1849년 3월 28일 간신히 소독일주의와 입헌군주제라는 온건한 방법을 채택해, 연방제에 입각한 독일국 헌법을 공포하는 동시에 프로이센 프리드리히 빌헬름 4세를 독일 황제로 선출했다. 그러나 왕은 제위를 수락하지 않았다. 독일 제후들의 손에서 받는 것이라면 수락하겠지만 혁명가가 내미는 제관은 원하지 않는다는 이유였다.

통일하는 독일

라이프치히에서 태어난 독일의 천재 피아니스트이자 작곡가 클라라 슈만(1819~1896). 그의 남편 로베르트 슈만은 클라라의 연주를 보고 감탄한 나머지 피아니스트 훈련을 받기 시작했다고 한다. 손 부상으로 피아니스트의 커리어가 끝나 음악적 에너지를 작곡에 쏟아부은 남편을 적극적인 내조로 도왔고, 7명의 자녀를 키우면서도 작곡과 연주 활동을 계속했다. 부인이 남편의 많은 작품을 초연했던 그들은 부부이자 음악가로서도 평생 동반자였던 셈이다. 요아힘과 브람스를 독려하고 후원했는데, 특히 브람스는 클라라를 사랑해 죽을 때까지 독신으로 살았다고 한다. 클라라가 독일과 유럽 각지에서 활발하게 연주회를 한 1860~1880년대 그가 태어난 독일은 오토 폰 비스마르크(1815~1898)가 등장하며 통일로 향하고 있었다.

1858년 재위 말년 정신병을 앓던 프리드리히 빌헬름 4세가 죽

100마르크(클라라 슈만), 1989년 발행

자 그의 동생 빌헬름 1세가 왕이 되었다. 빌헬름 1세가 군비 확장 문제로 의회와 대립하던 1862년 9월 비스마르크는 수상 취임 일주일 만에 프로이센 의회 예산심의위원회에서 한 연설로 '철혈재상'이라 불린다. 그의 연설은 자유주의적 협상이 아닌, 무력으로 독일 통일을 달성해야 한다는 뜻이었고, 오스트리아에 대항해 프로이센의 국익을 얻어야 한다는 의미였다. 비스마르크는 의회를 해산하며 세금을 거두고 군비를 증강했다. 러시아, 이탈리아, 영국, 프랑스와 외교 접촉으로 오스트리아를 고립시키는 국제 구도를 짠 뒤 1866년 오스트리아를 자극해 전쟁을 일으켜 승리했다.

북부 독일연방을 조직하자 남은 걸림돌은 남부 독일의 통일을 막는 프랑스. 1870년 7월 엠스 전보 사건을 통해 프랑스의 선전포고를 끌어내며 19일 프랑스와 전쟁을 시작한 이유였다. 전쟁이 선포되자 남부 독일 국가들이 프로이센으로 모여들었다. 유럽의 어떤 강대국도 프랑스를 도울 수가 없었다. 비스마르크 외교의 승리였다.

나폴레옹 3세가 세당에서 항복한 후에도 전쟁은 계속되었다. 프랑스에 탄생한 제3공화국 국민 군대가 대규모 군대 동원령을 내려 파리를 중심으로 저항한 것이다. 그때 포위된 파리에 진주해 있던 독일 군대는 바로 눈앞에서 벌어진 파리코뮌의 봉기와 그 몰락을 함께 체험했다. 그들이 절대 그런 일이 벌어지지 않도록 해야겠다는 강력한 인상을 받는 동안 빌헬름 1세와 비스마르크는 베르사유궁전에 머물렀다.

1871년 1월 18일 프랑스 절대주의 영광의 상징인 베르사유궁전 거울의 방에서 독일제국이 선포되고, 카이저 빌헬름 1세의 즉위식이 거행된다. 독일은 현대 국민 국가로 공식적인 통일이 이루어진 것이다. 4개월 뒤 알자스 지방이 신생 제국에 양도되었고, 프랑스는 50억 프랑의 배상금을 갚아야 했다.

민족주의의 승리로 일구어진 독일 통일이었지만 혁명의 나라 프랑스를 유린하며 이루어진 셈이었다. 무력에 의한 정복이었기에 유럽 각국은 군국주의와 보수주의를 예상하며 불안하게 바라보았다. 그러나 통일 후 비스마르크는 평화 지향적인 외교와 독일 안정을 위한 내치에 힘썼다. 열강 간의 전면전을 억제하는, 노련하고 균형적인 정책을 추구했다. 유럽 각국 제국주의가 확장하던 19세기 후반 국제정세가 유지된 것은 독일이 불필요한 식민지를 반대하며 유럽 국경의 현상 유지를 주장했기 때문이다. 비스마르크가 짜 놓은 국제적인 틀을 바탕으로 제1차 세계대전까지 약 40년 동안 독일과 유럽은 전에 없던 평화를 누렸다.

전쟁과 분열

파울 에를리히(1854~1915)는 면역학의 기초를 세운 학자라고 해도 과언이 아닌 독일 세균학자이자 면역학자다. 1908년 노벨 생리의학상을 수상한 뒤 여러 화학요법 실험을 통해 당시 유럽의

200마르크(파울 에를리히), 1989년 발행

큰 골칫거리이던 매독에 효과적인 치료제 '살바르산 606호'를 만들어냈다. 극독인 비소가 주성분으로, 투여한 사람이 꽤 높은 확률로 사망했지만, 이보다 매독으로 죽는 것이 더 끔찍했기에 당시 환자들은 마구 투여했다고 한다.

 매독은 1495년 이탈리아 나폴리에서 최초로 집단 발병한 이래 중동, 유럽, 아프리카 지역으로 급속히 뻗어 나갔고, 동방 항로를 따라 인도, 심지어 조선과 일본에도 전파된 병이었다. 매독이 크게 유행하자 유럽에서는 17세기경부터 비데를 쓰는 관습이 생겨났다. 비데는 프랑스 귀족이 키우던 애완 조랑말을 가리켰다고 한다. 유럽에서 가발을 다시 쓰기 시작한 것도 매독으로 손상된 용모를 가리기 위해서였다니, 얼마나 일반적이었는지 상상이 된다. 제1차 세계대전이 발발한 이듬해 에를리히는 사망했고, 사망한 10여 년 후 페니실린이 개발되면서 매독은 완전히 정복되었다.

 19세기 말 비스마르크가 그물망처럼 촘촘하게 짠 동맹관계 속에서 서로 불편한 처지에 놓인 제국들도 있었지만 대체로 유럽에서는 평화가 유지되었다. 그러나 1888년 빌헬름 1세를 이은 프리드리히 3세가 99일 만에 사망한 뒤 야심만만한 그의 아들 빌헬름 2세(1859~1941)가 독일제국 카이저로 즉위하며 상황은 급변했다. 날카로운 지력과 재능, 뛰어난 기억력을 지녔지만, 우스울 정도로 낭만적인 데다 불편한 한쪽 팔과 지배욕이 강한 어머니 때문에 마음에 깊은 상처가 있었던, 오만과 객기를 버리지 못한 몽상가, 과시적이고 화려한 것을 즐겼던 새 카이저. 그에게 막강한 재상은 부담스러운 존재였다. 결국 1890년 비스마르크는 물러났고, 레온 폰 카프리비가 그 자리를 이어 신항로 정책을 내세우며 빌헬름 2세의 야심을 선언했다.

빈과 남동부 유럽을 넘어 오스만에까지 영향력을 확대하려는 독일의 외교정책은 1897년 빌헬름 황제의 화려한 근동 여행과 함께 영국과 러시아를 크게 자극했다. 독일의 베를린, 터키의 비잔티움, 이라크의 바그다드를 잇는 세력 팽창을 뜻하는 3B 정책 시행으로 긴장은 더욱 고조되었다. 함대 건조에 박차가 가해지며 영국을 긴장시켰다. 태평양에서 영토 확장 역시 신흥국가 미국과 불편한 관계를 초래했다.

비스마르크가 그토록 염려하던, 양쪽에서 독일을 압박하는 구도는 그렇게 초래되었다. 1904년 영국과 프랑스는 식민지 분쟁을 종결하고 화친조약을 맺었다. 영국과 러시아가 손을 잡은 것은 러일전쟁 후인 1907년. 빌헬름 2세가 1890년 러시아와 재보장 조약을 갱신하지 않아, 숙적 프랑스와 러시아는 1894년 이미 동맹을 맺은 터였다. 적대 세력에 의해 포위당하고 있다는 감정은 독일에 반발심을 일으켰고, 민족주의 감정을 불러일으켰다. 1905년 육군 참모부 총사령관 슐리펜 장군은 동서 양면 전쟁이 불가피하다는 전제 아래, 두 개의 전선을 고려해 최대한 속전속결 전략을 짜기 시작한다. 결국 벌어진 제1차 세계대전에서 계획은 실행되었고, 결과는 실패였다.

엄청난 인명과 물량이 투입된 살인적인 공방전에도 1914년 10월부터 1918년 전쟁이 끝날 때까지 이어진 제1차 세계대전의 참호전, 러시아의 탈주와 미국의 참전으로 패배, 1919년 베르사유궁 거울의 방에서 다시 한번 맺어진 베르사유조약의 금화 1,300억 마르크와 연 6퍼센트 이자라는 어마어마한 배상금. 경제적 파멸, 군비 축소, 패자의 굴욕감은 이번에는 독일의 몫이었다. 당시 세계에서 가장 선진화된 헌법을 보유했던 바이마르공화국. 그러나 평화조약에 대한 실망, 경제적 어려움, 황량한 일상생활까지 이 모든 것이 합쳐져 여론은 싸늘했고, 전체주의적 정치세력의 선동이 먹힐 만한 토양이 되었다. 공화국 14년 동안 무려 16차례 내각이 바뀐 이유였다.

1922년 말 베를린에서 빵 한 덩이가 2천억 마르크를 기록할 정도의 믿지 못할 초인플레이션, 1929년 10월 뉴욕 증시가 대폭락한 여파로 닥친 세계적인 경제위기. 이들은 모두 히틀러에게 기회가 되었다. 정치적 프로그램이나 연설 내용이 아닌 대중 연설가로서 탁월한 능력으로 사람들의 불안과 편견을 밖으로 끌어낸 히틀러. 1930년 나치당은 130석 의석 확보라는 놀라운 성공을 거두었고, 3년 뒤 히틀러를 수상에 앉힘으로써 바이마르공화국의 막을 내렸다.

정치의 연출, 정치적 구호를 화려한 무대로 옮기는 일, 일상을 의미 있는 상징과 함께 섞는 일. 사실 그 어떤 정권도 이런 기술을 나치만큼 완벽하게 구사하고 활용한 적은 없었다고 한다. 1936년 베를린올림픽부터 매해 뉘른베르크에서 열린 나치 전당대회까지 모든 행사에서 사용된 기술들, 치밀하게 조직되고 연출된 압도적인 매스 퍼레이드, 종교의식 같은 행사들, 해방과 구원을 느끼게 하는 일련의 의식들. 독일 민족은 위대하고 하나라는 공동체의식을 불러일으키며 참가자들에게 각인되었다.

히틀러가 1939년 9월 1일 폴란드를 침공, 17일 후 소련의 붉은 군대가 폴란드 동부 국경선을 넘으며 제2차 세계대전은 시작했다. 히틀러의 전쟁 야욕, 스탈린의 공모, 독일 전쟁 정책에 너무 늦게 손을 쓴 서방 강대국들의 '유화정책'으로 불린 소극적인 저항까지 이 모든 요인 때문에 막을 수가 없었던 전쟁 속에 온갖 만행과 범죄적 행위가 자행되었다.

폴란드, 네덜란드, 벨기에에 이어 프랑스까지 항복을 받아낸 뒤 영국 공습을 명령한 히틀러. 그러나 영국 점령이 수월하지 않다는 판단이 든 순간 독소불가침조약을 파기하며 소련전을 결단했고, 이는 나폴레옹이 저지른 치명적인 실수의 재판이었다. 그 와중에

100마르크, 1922년 발행

200억 마르크, 1923년 발행

유대인 멸절을 위해 엄청난 군대와 행정력까지 동원하고 있었다.

　1941년 일본의 하와이 진주만 공습으로 태평양전쟁이 발발하면서 미국이 참전한다. 그 직전 독일은 모스크바 공방전에서 패퇴했고, 해를 넘긴 후 미드웨이해전, 엘알라메인전투, 스탈린그라드전투 등에서 연합국에 반격의 발판을 마련해준다. 1944년 6월 노르망디상륙작전이 성공하고, 1년도 채 지나지 않은 5월 결국 나치 독일은 항복한다.

독일은 제2차 세계대전 종전과 함께 시작된 연합국 점령지 기간이 끝난 후, 서독이라 불리던 '독일연방공화국'과 동독이라는 '독일민주공화국' 두 개별 국가로 조직되었다. 서독은 미국 마셜 플랜의 중심 대상국이자 유럽 경제공동체와 유럽연합의 창립 회원국, 반대로 동독은 동구 공산권 국가면서 바르샤바조약기구의 회원국. 동독 정부는 서독으로 건너가는 사람들을 막기 위해 동서 베를린 경계에 베를린장벽을 쌓았다. 미국과 소련을 양극으로 한 냉전이 독일을 중심으로 벌어지며, 이전에 벌어진 극한의 열전 제2차 세계대전은 역사 속에 서서히 묻혀 갔다.

브란덴부르크 문이 열리고

독일 베를린의 상징, 통일의 상징인 브란덴부르크 문. 1989년 여름이었다. 동독 주민들은 헝가리와 오스트리아 국경을 통해 동독에서 탈출하기 시작했다. 10주 뒤인 10월 초, 탈출하는 대신 대규모 시위로 에리히 호네커의 공산 정권을 무너뜨렸다.

독일 통일을 앞당긴 것은 언론의 "베를린장벽의 붕괴"라는 오보 때문이다. 1989년 11월 9일 오후 7시, 동독의 정부 대변인이 기자회견 막바지에 여행 규제 완화 조치를 발표했는데, 특별한 내용이 없으나 이탈리아 기자가 "언제부터?"냐며 질문했고 대변인

5마르크 뒷면(브란덴부르크 문), 1991년 발행

이 당황해 "지금 당장"이라고 답했다. 그런데 이탈리아 기자가 그 발표 내용이 베를린 국경을 개방하는 것이며 즉시 효력이 발생하는 것으로 이해하면서 베를린장벽이 무너졌다는 자극적인 제목으로 긴급 보도했다. 이 보도를 다시 전 세계 및 서독 언론에서도 크게 보도하는 바람에 동베를린의 수많은 주민이 서베를린으로 가는 검문소로 몰려들었다.

압박을 견디지 못한 검문소의 장교가 밤 10시쯤 출입문을 개방하면서 순식간에 베를린장벽은 부서졌고, 실제 콘크리트 더미가 되었다. 냉전의 상징이 무너진 후 12월 22일 브란덴부르크 문 역시 다시 개방되었다. 마침내 1990년 10월 독일은 분단 40년 만에 통일을 이루어냈다. 비스마르크에 의해 통일을 이룬 뒤 근 120년 만의 재통일이었다.

독일은 다시 살아났고, 현재 강력한 경제력을 지닌 대국이다. 명목GDP 세계 3위, 구매력 평가 기준으로 세계 5위로 유럽에서 가장 큰 경제 대국이다. 산업, 과학과 기술 분야의 글로벌 강국으로 세계 3위 수출국이자 수입국이며 선진국으로 사회보장제도, 의료서비스와 무상교육을 제공한다. 유엔, 북대서양조약기구, G7, G20과 경제협력개발기구 등의 회원국이다. 그리고 무엇보다 유럽연합의 중심이다.

그들의 역사는 현대사회에 긍정적인 면과 부정적인 면을 모두 남겼다. 산업화와 과학기술의 발달은 독일을 이렇듯 다시 세계 경제의 선두주자로 만들었으나, 세계대전과 나치즘, 홀로코스트는 전 인류를 향한 경고의 역사다. 통일을 대비하는 우리나라에는 특히 동서독의 지역 간 차이가 통일독일 사회에 어떤 영향을 미치는지도 주의 깊게 봐야 할 부분이다. 그런 면에서 통일 후 마르크 도안은 의미가 더욱 깊어 보인다.

2

아프리카 지폐, 사자의 역사가들

"사자들이 자신의 역사가들을 가지기 전까지는 모름지기 모든 사냥의 역사는 언제나 사냥꾼을 높이 칭송하게 되리라."

아프리카 현대문학의 아버지라 불리는 나이지리아 소설가 치누아 아체베(1930~2013)는 이 표현을 통해 권력자의 시각에서만 서술되는 역사를 말했다. 패자의 목소리는 역사에 반영되지 않는 현실을 지적하면서. 그가 말한 사자는 아프리카일 수도 있다. 유럽에 사냥을 당해온 사자가 역사가를 가지는 날은 21세기인 지금일까?

세계사 속의 아프리카는 철저히 타인의 눈으로 규정되어 왔다. 지명부터 그렇다. 아프리카라는 대륙 명칭 자체도 기원전 2세기경 로마인이 붙인 이름이다. 북아프리카 선주민의 땅을 의미하는 아프리의 땅. 페니키아인이 사용했다고 한다. 고대 로마의 제2차 포에니전쟁, 자마전투에서 한니발에 승리한 스키피오는 '아프리카의 정복자'라는 뜻의 별칭 '아프리카누스'를 부여받았다. 아주 오랜 시간 아프리카는 유럽의 가시권인 지중해 연안 북아프리카만을 의미했다.

신항로 개척 시대, 포르투갈인이 아프리카에 붙인 지명은 꽤 멋 있었다. 전설의 유적을 찾아왔는데 숲뿐이어서 마데이라(숲)섬, 사막에서 겨우 녹음이 보였다며 베르데(녹색)곶, 엄청나게 많은 새우를 만나서 카메룬(새우), 강 하구의 모습이 선원의 망토를 닮아 가봉(망토). 탐험지이기는 했으나 식민지는 아니었던, 아프리카가 대륙이라기보다 해안선으로 여겨졌던 때였다.

식민지 시대가 도래했다. 대영제국도 영어 지명을 붙였다. 에드워드 섬, 포트엘리자베스, 퀸샬럿 제도. 빅토리아호나 앨버트호처럼 왕족, 더반처럼 식민지 총독의 이름도 쓰였다. 정점은 세실 로즈. 남아프리카의 다이아몬드 광산 개발로 통치권을 얻은 그는 로디지아(로즈의 나라)를 사용했다.

아프리카가 세계사에 전면적으로 등장하는 것은 유럽 손에 이끌려서다. 19세기 말 제국주의 열강은 아프리카 쟁탈전을 벌였다. 이전까지 유럽인의 주 활동 무대는 교역을 목적으로 해안에 마련된 작고 고립된 장소뿐. 지도는 부정확했고, 대부분 지역은 열대우림과 폭포, 말라리아가 가로막고 있던 '미지의 땅'이었다. 그들은 결국 지도에 직선을 그어가며 경계를 확정했고 결과는 비극적이었다.

아프리카인 공동체가 조각났다. 바콩고족 공동체는 프랑스령 콩고, 벨기에령 콩고, 포르투갈령 앙골라로, 소말릴란드는 영국, 이탈리아, 프랑스에 의해 분할되었다. 190여 개 문화 집단이 새로운 경계선으로 나뉘었다. 반대로 식민지 한 울타리 안에 공통점 없는 다양한 독립 집단이 묶여버리기도 했다. 나이지리아에는 250개 민족이 포함되었고, 벨기에령 콩고에는 6천 개의 군장 사회가 포함되었다. 우간다에서는 역사적으로 적대하던 사이가 하나의 식민지로 편입되기도 했다. 쟁탈전 마무리될 무렵, 아프리카에서는 약 1만 개의 정치적 단위체가 40개 유럽 식민지와 보호령으로 재편되었다.

1875년 아프리카의 11퍼센트만 수중에 넣었던 유럽인은 1902년 결국 90퍼센트를 장악했고, 조약과 정복을 통해 아프리카 땅에 대한 통치를 펼쳤다. 제1차 세계대전 후 전쟁 결과에 따라 영토 재분할이 진행되었다. 제2차 세계대전 이후 약화한 유럽 대신 미국과 소련으로 패권이 옮겨가면서 유럽이 자신만만하게 장악하고 있던 아프리카에 저항의 파도가 거세졌다.

1945년 당시 독립 국가는 이집트, 에티오피아, 라이베리아, 남아프리카연방 이렇게 네 국가뿐이었다. 영국은 독립된 보호령 지위의 14개국을 두고 있었는데, 서부 및 동부 아프리카와 중앙아프리카에 퍼져 있었다. 프랑스는 자국령 식민지를 독립된 보호령이 아닌 '위대한 프랑스'의 일부로 보아, 프랑스 의회에 진출하는 아프리카인 수를 늘리면 발전이라고 했다. 세네갈, 알제리는 프랑스의 지휘 아래 있었다. 벨기에와 포르투갈은 보호령에서 그 어떤 정치활동도 허용하지 않았다. 그러나 제일 먼저 들어왔던 포르투갈이 앙골라, 모잠비크에서 마지막 짐을 싸기 전에 모두 아프리카에서 떠나야 했다.

유럽인이 물러나면서 마지막에 보인 태도는 대부분 그들이 아프리카에 도착했을 때 보인 그것만큼이나 악했다. 부패한 아프리카 정치가들이 권좌에 오르도록 도움을 주었기 때문이다. 겉으로는 '독립'이라는 깃발을 내걸며 철저히 은폐되었지만, 유럽 열강이나 미국과 소련이 자국의 이익에 도움이 되도록 꼭두각시 정권을 만드는 경우도 드물지 않았다.

유럽인이 떠난, 인류의 요람 아프리카에는 10여 개 신생국이 뜨거운 환호와 더불어 전 세계의 격려를 받으며 출범했다. 아프리카는 낙관적인 미래로 빛나는 듯 보였다. 그러나 독립 이후 아프리카 대부분의 나라는 전쟁과 부패와 빈곤, 특히 독재정치의 길로 빠지며 감당하기 힘든 난관에 봉착했다. 세계는 아프리카 사람들이 '스스로 자기 일을 처리할' 능력이 얼마나 적은지 조롱했다.

아프리카 각 국가의 사연 많은 역사는 지폐 도안을 통해 조금이나마 모습을 드러낸다. 화폐단위는 식민 지배 국가에 따라 물론 다르다. 파운드, 프랑, 디나르, 실링 등등. 하지만 도안에는 각 국가의 식민지 이전의 위대함, 독립 과정 그리고 독립 이후에 꾸는 꿈이 보인다. 자국의 자연, 전통을 지폐 도안으로 삼거나, 정치 및 문화적 독립운동에 앞장섰던 인물들이 주인공이기 때문이다. 사자가 역사가를 가진 셈이다. 그러나 그런 독립운동가, 정치 지도자들 대부분 어떻게 그럴 수가 있나 싶게 지독한 독재자가 된 데에 아프리카의 비극이 있다.

그동안 우리에게서 멀리 존재하는 듯했던 낯선 대륙. 그러나 이제 아프리카는 유독 특별한 눈으로 보인다. 식민지와 군부 독재라는 아프리카와 비슷한 결의 경험 속에서 이룬, 민주화와 경제발전에 감사할 수 있는 우리가 되었기 때문일까?

움므둔야, 현재 속에 살다

이집트

메소포타미아문명과 함께 인류 역사상 가장 오랜 문명 중 하나로 여겨지는 이집트문명. 고대 아프리카에서 빼놓을 수 없는 역사다. 물론 이집트문명이 사하라를 넘어 아프리카 남쪽으로 급속하게 전파되었다거나 아프리카 전체를 아울렀던 문명이라 할 수는 없다. 게다가 이집트는 유럽인이 서아시아와 함께 오리엔트라고 부른 곳. 서양 문명의 근원이기에 아프리카보다 유럽에 더 큰 영향을 미쳤던 셈이었다. 하지만 이집트는 엄연히 아프리카 대륙에 속해 있고, 문명 역시 그러하다.

　이집트는 초기 왕조로부터 7천 년의 역사를 간직한, 세계에서 가장 오랜 역사를 가졌기에 상대적으로 근대국가로서 시간이 짧게 느껴진다. '7천 년 역사를 간직한 젊은 나라'라는 표현이 어울리는 이유다. 지중해와 면한 지리적 여건상 고대에는 헬레니즘, 로마와 영향을 주고받았고, 이후 이슬람 제국들의 지배를 받다가 잠시 나폴레옹의 점령지가 되기도 했다. 오스만으로부터 독립해 재건을 위해 노력했으나 수에즈운하의 건설로 막대한 빚을 지면서 결국 영국의 보호령으로 전락했다. 제1, 2차 세계대전을 겪으면서 1922년 형식적인 독립을 이루지만, 그 지배는 1953년 이집트공화국이 성립할 때까지 계속되었다. 그래서일까. 이집트 화폐 단위는 영국의 그것과 같은 '파운드', 보조 단위는 '피아스터'다.

노동자의 연대, 평등, 인민주의에 근거를 둔, 이슬람교를 국교로 한 아랍사회주의 국가. 오늘날 스스로 아랍의 리더 국가로 천명하는 현대 이집트의 모습이다. 사다트가 이스라엘과 맺은 평화협정으로 팔레스타인 문제 일선에서는 물러나 있지만, 인구나 군사 면에서 강대국에 아랍연맹의 주도국임은 의심할 여지가 없다. 특히 현대 아랍 문화 창달의 주인공이기도 하다. 그러면서도 이들은 자신을 '움므둔야(세상의 어머니)'라고 자랑스럽게 부른다. 인류 최초의 삶과 문명이 시작되었고, 세계 역사의 무대가 이집트라고 여기기 때문이다. 헬레니즘, 로마, 비잔티움, 이슬람 문명 모두 나일 문명의 토대 위에서 그들의 꽃을 피웠다고 보니 말이다.

고대 이집트의 찬연함

대부분 사막화된 북아프리카에서 나일강은 생명의 젖줄이었다. 사람들은 나일 계곡에 모여들었고 문명이 만들어졌다. 나일강은 하늘에 시리우스가 솟아오르는 7월 새벽녘에 범람을 시작해 9월이 되면 끝났다.

강은 남에서 북으로 흐르는데, 바람은 북에서 남으로 불어 물의 흐름은 완만했다. 이런 나일강 덕분에 이집트인은 공동체를 형성하고 부유하고 안정된 삶을 영위할 수 있었다. 나일강의 무역 루트를 따라 도시와 사원, 그리고 왕과 파라오를 위한 무덤이 만들어졌으며, 세계에서 가장 앞선 기술을 보유한 문명을 이룩했고, 세계 문화유산에 등재되는 기념비적인 건축물과 예술품을 남겼다. 평화로운 성격의 이집트문명과 삶, 그리고 신화는 바로 나일강에서 시작되었다. 나일강이 이렇게 중요하니 신 '하피'가 중요했다. 이집트 신화에서 나일강의 신으로 불리는 하피는 나일강 범람을 관장해 다산을 가져오는 복된 신, 농업의 신으로 여겨졌다.

스핑크스는 고대 이집트의 전설적인 동물로, 파라오를 상징하는데 이용했다. 사자는 힘, 사람 모습의 머리는 지혜를 상징한다. 수천 개 스핑크스가 이집트에 세워졌지만 기자 유적이 가장 크고 유명한데, 한 개의 바위를 조각해서 만들어졌다고 한다. 카프라 왕의 피라미드와 연결되어 카프라의 생전 얼굴로 추측된다. 스핑크스가 위치한 곳은 지역이 낮아 모래가 와서 쌓인다. 대개 머리만

5이집트파운드 뒷면(하피신 부조), 1981년 발행

100이집트파운드 뒷면(기자 카프라 스핑크스). 1994년 발행

땅 위로 노출되고, 몸체는 모래 속에 묻힌 채 있는 경우가 다반사
다. 연약한 석회암으로 만들어진 스핑크스가 오랜 세월이 지나면
서 얼굴 부분은 많이 상했으나 몸체는 온전하게 보존된 이유다.

　기원전 3150년쯤 메네스가 최초로 상이집트와 하이집트를 통일
했다. 두 이집트의 국경을 이루며, 전략적 요충지였던 델타의 하
단에 수도를 정하고 이름을 멤피스로 했다. 메네스 아들이 궁전을
짓고 '위대한 거처'라는 뜻의 '페르아'라고 이름 붙였는데, 파라
오가 여기서 나왔다. 통일 왕국 성립은 파라오 권력을 확대했고,
파라오 권위를 나타내는 왕묘 건설에도 변화를 일으켰다. 직육면
체 형태의 '마스터바'라 불리는 왕묘가 출현한 것이다. 이는 계단
식 피라미드의 원조다.

　기원전 2700년 3왕조부터 이집트는 고왕국 시대로 불리는데, 6
왕조까지 근 500년간을 가리킨다. 4, 5왕조 시기가 익히 알려진
거대 피라미드가 조성된 때다. 4왕조 2대 파라오 쿠푸의 등극과
함께 피라미드 시대도 본격적인 궤도에 오른다. 그는 카이로 교외
에 있는 기자에 대피라미드를 세운 주인공이다. 총 201층, 260만

개 돌, 무게 700만 톤. 청동기와 철기가 본격적으로 발명되기 전 시대의 놀라운 석재 건축이다.

쿠푸를 뒤이은 왕들도 제각기 피라미드를 건설했다. 현재 남은 피라미드는 약 80개. 적은 수가 아니다. 피라미드가 건설된 시대는 고왕국 시대뿐이었으니까. 대역사였기에 쿠푸왕 피라미드 60년 후에 즉위한 파라오는 피라미드 건설을 단념하고 이전 식의 무덤으로 만족해야 했다.

5왕조부터 피라미드 건립 규모나 수준은 낮아졌다. 파라오의 권력이 이전보다 약화해서일까? 사제 계층은 달랐는데, 태양신 라를 위한 신전은 복잡하고 화려해졌다. 절정에 달했던 태양신 숭배와 헬리오폴리스신전의 제사장, 사제들의 지위는 6왕조 때까지 유지되었다.

이집트는 중앙집권적인 국가를 유지하기 위해 관료 계급이 필요했고, 그중 서기 역할은 매우 중요했다. 그들을 양성하기 위한 학교가 관청, 신전에 많이 세워졌다. 귀족 자제들은 모여 문자를 읽고 쓰는 것을 배웠다. 이집트 상형문자는 중요 문자가 700자 정도, 세분화하면 약 3천 자였다. 일일이 기억하고 능숙하게 조합하고 읽고 쓸 수 있기까지는 상당한 교육과 훈련이 필요했다. 산수, 측량술, 부기 등 전문적인 분야와 신화나 교훈도 배우고 익혔다. 받아쓰기와 필사 역시 반복했는데, 필기체인 신관문자(히에라틱)로 쓰다가 점차 상형문자(히에로글리프)로 썼다.

배움의 길은 험했지만 일단 서기가 되면 특별대우를 받았다. 노동은 물론 세금도 낼 필요 없었고, 부서에 배치되어 공무를 담당하면서 능력을 길러 고급 관리나 신관이 될 수도 있었다. 파라오를 보필하는 궁정 사람들, 제한적이어도 신성한 지배권을 부여받은 고위 관리였다. 권위를 지닌 사회계층으로 올라설 수 있던 셈이다. 서기가 된다는 것은 장래가 보장된 엘리트 중의 엘리트가 되는 길로, 본인만이 아닌 주위 가족들의 소망이 되었다.

5피아스터(네페르티티), 1960년 발행

피라미드는 도굴꾼에게 보물의 산이었다. 파라오들이 12왕조 무렵부터 피라미드 건설을 기피해, 지상 무덤 대신 골짜기나 절벽에 암반을 뚫고 내려가 비밀 묘를 만들기 시작한 이유였다. 신왕국으로 접어든 18왕조의 투트모세 1세가 만든 곳은 '왕가의 계곡'으로 알려진다. 그의 딸, '가장 고귀한 숙녀'라는 뜻의 이름인 하트셉수트는 수염을 달고 이집트를 지배한 남장 여왕으로, 약 20년간에 이르는 긴 치세를 성공적으로 통치했다.

'위대한 정복자' 투트모세 3세(기원전 1481~1425)는 유프라테스강까지 제국을 확장했다. 이집트의 번영과 안정을 위해 17차례나 원정을 단행해 고대 이집트의 나폴레옹으로 불리기도 한다. 왕국이 융성하자 테베 사제들의 권위도 덩달아 높아진다. 파라오는 사제 세력의 지지가 필요하고 협조를 얻지 못하면 왕위 유지가 곤란했다. 투트모세 3세는 아몬신전 제사장을 전국 제사장으로 임명해 지지를 확보했는데, 그 자손 대에는 왕권을 제약하는 지경에 이른다.

비대해진 제사장 세력을 누르기 위해 '아멘호텝(아멘은 만족한다)' 4세는 아몬 라 대신 아톤 신 숭배를 보급했다. '아크나톤(아톤의 광휘)'으로 개명한 그는 지성적인 눈과 코, 우아한 자태를 지닌 사랑스러운 네페르티티 왕비를 사랑했다. 노예를 해방하는가 하면 인류 최초로 노동자 타운을 건설했다. 집 안에 난로와 화장실을 두어 거리 용변이나, 구걸, 점이나 주술을 금지했다. 귀족도 세금을 내게 했고, 의사가 무료 진료하게 하는 등 개혁을 펼친

100이집트파운드(투탕카멘의 황금마스크), 1952년 발행

다. 이상적 평화주의자였다고 할까. 그러나 결국 개혁은 실패로
돌아갔고, 테베 대신 새운 새 수도 '아케트아텐(아텐의 지평선)'
역시 10년 만에 폐허로 변한다.

　룩소르에 있는 왕가의 계곡은 도굴을 막기 위해 생겨난 신왕국
파라오들의 묘소였으나 도굴은 여전했다. 유일하게 도굴을 면한
왕묘가 투탕카멘의 묘다. 1922년 거의 원형에 가까운 상태로 발
굴되었다. 5중으로 된 관 안에 미라를 담은 관, 온몸을 아마포로
칭칭 감은 미라 얼굴에 황금 가면, 가면을 벗기고 아마포를 헤치
자 143개 보석으로 둘린 18세 파라오가 얼굴을 내보였다. 아크나
톤의 아들 투탕카멘이었다.

　아크나톤 사후 아들 스멘크카라가 뒤이었으나 젊은 나이에 사망
했고, 동생인 투탕카톤이 왕위에 오른다. 10살의 파라오. 아몬 사
제들의 강요에 못 이겨 수도를 다시 테베로 옮겼고, 이름도 '투탕
카멘(아몬의 살아있는 상)'으로 개명한다. 끝까지 사제들의 권위
에 눌려 실권 없는 파라오 노릇을 하다가 사망했다. 업적도 거의

없고 자식이 없어 죽었기에 사후에 왕위 계승 문제를 놓고 격렬한 정치 분쟁이 일어난다. 18왕조와 19왕조가 교체되는 혼란기, 카데시를 포함한 시리아 북부는 히타이트에 복속되었다.

19왕조가 안정되자 세티 1세는 시리아에서 권리를 찾고자 했고, 군사 활동은 그의 아들 람세스 2세(기원전 1313~1223)로 이어졌다. 람세스 2세와 히타이트 왕 무와탈리 사이 카데시전투는 세계 최초의 평화조약을 맺으며 끝났다. 67년간의 람세스 2세 치세 중

20이집트파운드 뒷면(람세스 2세), 2016년 발행

1이집트파운드 뒷면(아부심벨
대신전&소신전), 1967년 발행

50피아스터 뒷면(람세스 2세), 2017년 발행

후반부는 두 강대국 간 평화조약으로 대체로 평온했다.

룩소르의 카르나크신전, 룩소르신전 증축 등 수많은 건축으로 업적을 과시한 람세스 2세의 걸작이 아부심벨이다. 아부심벨은 스위스 출신의 탐험가 부르크하르트가 이곳에 왔을 때 안내단을 이끌었던 이집트인 소년의 이름에서 따왔다고 한다.

당시 람세스 2세는 이집트 남부 누비아 지방에 신전들을 지어댔다. 누비아는 아직 완전히 이집트에 동화되지 못한 곳으로, 그들을 가장 빠르게 복속, 동화시키는 최고의 방법은 거대한 건설 프로젝트로 이집트의 국력을 과시하는 것이라 여겼기 때문이다. 람세스 2세는 나일강의 제2폭포 인근의 암벽을 통째로 파내어 깎아 신전을 건축한다. 본인에게 바쳐진 대신전, 그리고 그의 아내이자 왕비인 네페르타리에게 바쳐진 소신전까지 완공했다. 공사는 기원전 1264년경 시작해 기원전 1244년쯤 끝났으니 약 20년에 걸친 대공사였던 셈이다.

이집트왕국의 세력이 쇠하며 신전은 다른 유적처럼 모래 속에 파묻히기 시작했고, 기원전 6세기경에는 이미 신전의 거상 무릎까지 모래가 차올랐다고 한다. 그 상태로 1813년까지 대략 2,400년 가까이 모래 속에 묻혀 있었다. 덕분에 다른 이집트 신전에 비해 훼손이 적었다니 아이러니다.

그런 신전이 위험해졌던 것은 20세기 중반 이집트공화국 나세르 대통령이 아스완 하이 댐을 지으면서였다. 나일강 상류에 큰 댐을 짓자 물이 차오르면서 나일강 변에 자리한 신전이 침수 위기

에 놓인 것이다. 1959년 유네스코가 주관하는 초대형 규모의 문
화재 보존 프로젝트가 시작된 이유였다. 암벽을 포함해 신전 전체
를 뜯어 옮겼다.

이집트의 그리스와 로마

유대인의 출애굽, 해양 민족의 침입, 리비아인 파라오, 아시리
아 침입과 지배, 그리고 페르시아 캄비세스 2세의 정복. 이집트
역사는 숨 쉴 틈 없이 흐르다가 그리스 알렉산드로스대왕의 헬레
니즘제국을 만난다. 이집트에 알렉산드리아가 건설되는 때가 기
원전 332년으로, 기원전 305년 이집트는 헬레니즘 세계의 일부인
프톨레마이오스왕조가 지배했다. 나세르가 군사혁명을 성공시키
는 1952년까지 근 2천 년 이민족 지배 기간이 시작되고 있었다.
호루스라고도 불리는 에드푸는 이집트 신화의 가장 중요한 부
분을 이룬다. 오시리스의 동생이자 호루스의 삼촌인 세트가 이집

50이집트파운드 뒷면(이시스의 배&새 모양의 라&에드푸신전), 2001년 발행

트 왕이 되기 위해 오시리스를 살해하고 시체를 14조각을 내 이집트 전역에 흩어놓았다. 오시리스의 아내 이시스는 이를 모두 모아 묻었고, 부활한 오시리스는 생명력을 얻어 저승의 재판관이 된다. 아들 호루스는, 하마로 묘사되기도 하는 세트를 죽여 복수하고 이집트의 왕이 되는 데 성공한다.

에드푸신전은 그리스가 이집트를 정복하고 들어선 프톨레마이오스 시대에 180여 년(기원전 237~57)에 걸쳐 건립한 신전이다. 카르나크신전 다음으로 큰 규모를 자랑한다. 호루스 신에 봉헌된 이 신전은 사원 정면에 호루스 석상과 부조가 서 있다. 탑 문 양쪽에 선 검은 화강암으로 만든, 매의 모습을 한 호루스 상, 내부에는 환상적이고 화려한 벽화가 있는데, 호루스의 탄생에서 어둠을 물리치고 승리한 이야기까지 신화들, 외벽 전체에도 수많은 신화와 고대 이집트에 대한 정보가 넘친다.

기원전 30년 클레오파트라와 안토니우스의 연합함대가 옥타비아누스에게 패배한 악티움해전으로 프톨레마이오스의 헬레니즘 시대는 종말을 맞았다. 로마의 속주 '아이깁투스'로 조직되었고, 아이깁투스는 이집트의 어원이 될 터였다. 밀 산지로 매우 중요했기에 로마는 프톨레마이오스왕조 시대 정부를 거의 유지했다. 관료 대부분은 그리스인, 공용어는 총독부 최고층 이외에는 그리스어가 유지되었다. 생활이나 전통, 관습은 존중되었지만, 점차 로마인의 종교가 스며들었다. 400년경 이집트인 90퍼센트가 기독교도였던 이유였다.

4세기 로마 황제 테오도시우스의 비기독교 배척주의로 에드푸 신전 역시 폐허가 되었고, 수 세기 동안 12미터 깊이 나일강이 옮겨온 모래 속에 묻혀 있었다. 1798년 기둥 일부가 드러나면서 신전의 존재가 나타났고, 1860년 프랑스 고고학자가 발굴을 시도하면서 현재의 모습을 볼 수 있었다.

이슬람, 꽃을 피우다

이집트 카이로에 있는 이븐 툴룬 모스크. 이를 세운 이븐 툴룬은 이집트 툴룬왕조(868~905)의 창시자다. 클레오파트라 이후 약 900년 만에 세워진 이집트 기반의 왕조, 이집트가 이슬람화된 이후 첫 독립 왕조였다. 아바스왕조의 통치 아래에서 이집트 시리아 지역의 군사 지휘관이었는데, 868년 이집트 총독으로 임명된 뒤 툴룬왕조를 세우며 중심지 카이로에 모스크를 건립한 터였다.

이집트에서 가장 오래된 이 모스크의 내부에는 거대한 원기둥으로 둘러싸인 넓은 안뜰이 있다. 특히 독특한 나선형 계단을 가진 미나렛이 있는데, 이라크의 사마라 대사원을 따라 만든 것이라고 한다. 미나렛 꼭대기에 서면 카이로 시가지부터 기자의 피라미드까지 전체가 한눈에 보인다. 이전의 이집트 유적과 완전히 다른 건축으로, 이슬람이 들어온 이집트가 200년 넘게 변화되었기 때문이다.

5이집트파운드(이븐 툴룬 모스크), 2002년 발행

610년 서아시아에서 무함마드에 의해 탄생한 이슬람교는 혜성처럼 등장했다. '유일신 알라에게 절대복종한다' 라는 뜻의 이슬람을 믿는 신도, 무슬림의 군대는 순식간에 아시아, 아프리카, 유럽을 휩쓸었다. 639년 12월 4천 명의 무슬림이 이집트를 침공했고 정복했다. 8세기 초 알제리 서부와 모로코까지 이슬람에 정복되는 시작점이었다.

이듬해 푸스타트(현재 올드 카이로에 인접한 곳)가 수도가 되었다. 이집트와 아프리카 전체에 세워진 최초의 모스크, 아므르 모스크와 함께였다. 이후 이슬람제국 속주로서 아랍인은 이집트화되었고, 이집트 역시 아랍화, 이슬람화의 과정을 거쳤다. 아랍인은 이집트 정복 후 처음에는 정치 및 정신적으로 필요한 직위만 차지하고 일반 행정직은 이집트 동방정교회교도인 콥트교도에게 맡겼다. 행정 업무에 익숙해지자 아랍 이슬람화된 이집트인으로 대체했다. 콥트교도는 관직을 얻기 위해 공식적인 행정 공용어로 아랍어를 배우기 시작했다. 지배계층에 오르기 위해 이슬람교로

500이집트파운드(알 아즈하르 모스크), 1981년 발행

개종하고, 꾸란을 이해하기 위해 아랍어를 배우고, 아랍 여인과 결혼했다. 이집트에서 아랍어와 이슬람교가 급속도로 확산한 이유였다. 14세기 이집트에서 기독교도 인구는 10퍼센트도 되지 않았다.

파티마왕조(909~1171)는 10세기 중반부터 200년 이상을 이어가며 찬란한 이슬람 문화를 발전시켰다. 파티마는 이슬람교의 개창자 무함마드의 딸이자 4대 칼리프인 시아 알리의 아내 이름으로, 정통인 알리의 대리인이 새 국가를 건설한다는 기치 아래 등장했다. 당시 서아시아의 아바스왕조를 무함마드의 후계자로 인정하지 않겠다고 선언한 셈이다. 원래 시아파가 세운 아바스왕조가 그 운영 과정에서 시아파를 많이 소외시켰던 정책을 비판하면서 온전하게 철저한 이슬람 교리로 국가를 운영했다.

본래 튀니지에 세워졌던 파티마왕조는 이집트를 정복한 뒤 수도 북쪽에 성벽으로 보호받는 새로운 정착촌을 세웠다. '알 카히라(정복당한 이)'라는 이름이 붙은 곳, 카이로의 기원이다. 궁전과

병영, 정원에다 새로 건설한 '알 아즈하르(찬란한 것)' 모스크도 있었다. 이집트의 경제와 문화가 번성하면서 많은 학문 및 예술적 업적을 이룬 시기, 그 중심에 있는 모스크다.

이후 '천 개 미나레트의 도시'라는 별명이 생긴 카이로에 설립된 최초의 모스크. 파티마왕조의 통치자 알 모이즈는 중세 가장 방대한 양인 12만 권의 장서로 이루어진 도서관을 소유했다. 모스크를 단순한 기도 장소가 아닌, 이슬람 사상을 전파하고 교육하는 곳으로 쓰고자 한 그에 의해 이 모스크는 가장 오래된 대학이 된다. 현재 시아파만이 아닌 수니파의 학문까지 다루는 중요한 교육기관인 알 아즈하르대학교의 시작이었다.

파티마왕조를 멸망시키고, 수니파에 다시 이집트를 넘기며 아이유브왕조(1169~1250)를 세운 지도자가 십자군전쟁에서 예루살렘을 유럽 기독교군으로부터 빼앗은 이슬람의 영웅, 심지어 유럽에서조차 존경받는 지도자의 표상으로 알려진 살라흐 알 딘이다. 1187년 십자군을 격파해 예루살렘을 탈환했으며, 3차 십자군도

25피아스터 뒷면(이라크국장: 살라딘의 수리), 1979년 발행

격퇴해서 세력을 확보했다. 온건하고 약속을 잘 지키는 자비로운 군주로 덕망이 높았고, 기사도 정신과 자비심은 서방 세계에도 전해질 정도였다.

노란색 바탕에 수리 한 마리를 그린 깃발을 자신의 개인 깃발로 사용했다고 한다. 그의 재위기에 지어진 카이로 성채 서벽에는 커다란 수리가 새겨져 있었다는데, 살라흐 알 딘의 표장으로 믿어졌다고 한다. 이 수리는 이집트의 상징으로 사용된다. 이라크, 팔레스타인의 국장 도안 역시 마찬가지다.

맘루크는 본래 13세기 중반 아이유브왕조의 술탄 앗 살리흐가 양성했던 군사 노예 집단이다. 그의 사후 아내 샤자르 알두르가 통치했는데, 아랍 역사상 유일무이한 여성 통치자로, 당시 맘루크 총사령관 아이박과 재혼해 맘루크 술탄국(1250~1517)을 열었다. 아이유브왕조로부터 정권을 탈취하고 새로운 국가를 건설한 셈이다. 이들은 13세기 유럽을 떨게 만든 몽골 군대를 1260년 물리쳐 팽창을 저지했다. 일부 유능한 통치자들 치하에서 중흥기를 누렸

1이집트파운드(술탄 카이트베이 모스크), 2016년 발행

는데, 술탄 카이트베이가 그 일례다. 공공사업을 실시하면서 대내외적으로 안정적인 통치를 이어갔다.

그러나 맘루크왕조는 카이로에서만 하루에 1만 명 이상이 목숨을 잃을 정도의 흑사병이 가져온 인구 재앙으로 쇠퇴한다. 창궐한 지 18개월 만에 이집트 인구의 3분의 1이 사망했다고 한다. 이후로 19세기까지 28번의 전염병이 발생했다. 이를 기점으로 이집트는 이슬람 세계의 리더십을 상실했고, 회복에 500년이 필요할 예정이다. 인도와 교역하기 쉬웠던 이점 역시 포르투갈의 바스쿠 다가마가 1498년 인도 항로를 개척함에 따라 사라져버렸다. 지배층의 사치는 쇠퇴 요인에 덤이었다. 1517년 셀림 1세 치하의 오스만제국에 정복되고 만다.

근현대 이집트의 길

무함마드 알리 모스크는 살라흐 알 딘이 요새화한 것으로 유명한 카이로 성채에 있다. 무함마드 알리 파샤의 명령으로 세워진 모스크. 그는 본래 오스만에서 파견한 이집트의 총독이었다. 오스만으로부터 독립을 요구하는 전쟁을 일으켜 이집트왕국의 실질적인 창시자가 된다. 무함마드 알리 왕조(1805~1953)가 나폴레옹의 이집트 원정(1798~1801) 이후 프랑스의 원조를 받아 부국강병과 생산을 늘리는 공업 정책 육성에 힘쓴 덕분이었다.

200|집트파운드(무함마드 알리 모스크), 2016년 발행

유럽 세계 바깥에 나타난 최초의 근대화론자, 민족주의 지도자, 이집트의 파샤 무함마드 알리. 유럽을 흠모했던 그는 사상과 기술을 빌리는 동시에 술탄으로부터 자신의 독립을 확보하고자 했다. 그리스 독립 혁명 진압에 오스만 술탄 원조를 요청받았을 때 알리는 그 보상으로 시리아를 점령하려는 시도까지 했다.

오스만제국의 군사 및 행정적 모델을 채택해 이집트의 강력한 중앙집권적인 통치를 이루었는데, 모스크에도 그런 오스만의 영향이 보인다. 높은 2개의 미나렛과 거대한 돔이 있는 무함마드 알리 모스크. 이집트에서도 이곳 외에는 찾아볼 수 없는 형태다. 이스탄불의 아야 소피아나 블루 모스크가 떠오르는 이 모스크는 무함마드 알리의 묘이기도 하다.

대리석과 황금으로 치장된 값 비싸고 사치스러운 내부를 지닌 카이로 최후의 거대 모스크, 알 리파이 모스크는 묻혀 있는 이들로 인해 더 유명하다. 이 중에는 카이로를 근대화하면서 수에즈운하 건설을 독려했던 이스마일 파샤(1830~1895)도 있다.

이스마일은 유럽의 여러 제도를 모범으로 해 교육, 산업, 교통

등 각 방면에서 이집트 근대화에 노력했다. 레셉스의 수에즈운하 개착을 도와 자본금의 44퍼센트를 부담했으나 재정적 궁핍으로 영국, 프랑스에서 거액의 차관을 받았다. 1875년 운하 회사의 주권을 영국에 매각했고, 다시 열강의 재정 관리를 받았다. 결국 영국과 프랑스에 대한 종속은 결정적인 것이 되었고, 양국의 압박을 받아 퇴위했다.

이 모스크는 원래 이스마일의 어머니, 쿠샤이르 왕녀에 의해 가문의 능묘로 건축되었다고 한다. 이슬람 신비주의 수피교의 창시자이자 이 자리에 묻혔다고 추정되는 셰이크 알리 알 리파이를 기념하는 의미에서 붙인 이름이다. 이란의 마지막 샤 모하마드 레자 팔라비(1919~1980)가 묻힌 장소이기도 하다. 1979년 이슬람혁명으로 이란에서 추방당한 뒤 1980년 이집트에서 사망했기 때문이다.

1882년 영국의 침공 이후 통제력을 빼앗긴 무함마드 알리 왕조

100이집트파운드(알 리파이 모스크), 2013년 발행

는 1914년 공식적으로 오스만에서 독립해 영국 보호국인 이집트 술탄 왕국이 되고, 1922년 대영제국으로부터 독립하면서 이집트 왕국(1922~1953)이 되었다.

제2차 세계대전 이후 이집트왕국은 중동전쟁에 참전해 이스라엘에 패한 데다 왕권은 약화하고 정치인은 부패했다. 천성적으로 오만하고 방자하며 허영심이 많았던, 그리고 세계적으로 손꼽히는 갑부였던 파루크 왕. 돈을 흥청망청 써대는 버릇과 왕성한 식욕, 끝없는 여성 편력으로 유명한 그는 32세 나이에 이미 거대한 몸집에 쾌락을 탐닉하는 구제할 길이 없는 바람둥이였다. 결국 자유장교단을 지휘한 가말 압델 나세르(1918~1970) 주도의 군사쿠데타가 일어났다.

나세르는 1948년 팔레스타인을 둘러싼 아랍 이스라엘 분쟁을 통해 전쟁 영웅으로 부상한 인물이다. 그는 파루크의 무능과 부패가 이집트의 굴욕적인 패배를 불러왔다고 보고 파루크 왕에게 깊은 적개심을 품었다. 1952년 군사쿠데타에서 시작된 이집트혁명으로 파루크는 이탈리아로 망명했고, 무함마드 나기브가 이집트 공화국의 대통령이 되었다. 파루크의 고조부인 무함마드 알리가 세운 140년 왕조가 끝나면서, 2천여 년 이민족의 지배를 받은 이후 처음으로 이집트를 이집트인이 직접 통치하게 된 것이다.

고대 이집트인은 타 문명 세계 사람과는 비교할 수 없을 정도로 죽음과 내세에 지대한 관심을 쏟았다. 소유하는 재원과 능력의 많은 것을 오직 매장과 장례에 바쳤다. 그리고 영원한 집인 무덤은

멀리 나일 계곡 끄트머리, 불모의 마른 땅이나 사막에 두었다. 항상 건조한 대기가 무덤과 매장된 내용물의 보존에 도움을 주었고, 무엇보다 비바람이 거의 없다는 것이 고대 유적들이 원형을 유지하게 했다. 그런 고대의 유적들이 이슬람의 지배를 넘으며 모스크로 변화했다. 역시나 화려하고 거대한, 내세를 위한 중심이라는 점에서 피라미드와 그 결이 같아 보인다. 왕족의 능묘로도 쓰였으니 말이다. 차이가 있다면 거리가 형성될 정도로 도심에 모여 있는 것이라고 할까.

현재 이집트에서 만들어지는 언론매체의 소식과 문화, 예술 분야의 각종 프로그램이 아랍 및 중동 세계에 그대로 전달되어 영향을 미칠 만큼 이집트는 이슬람권의 강국이 되었지만, 그 독특한 문화 영속성은 지켜지고 있는 듯하다. 격변하는 시대 속에서도 파라오, 그리스와 로마, 이슬람 시대의 정신과 유산이 그동안 이집트인의 역사와 생활 속에 서서히 융화되어 이어왔기 때문일 것이다. 이집트파운드는 그 모든 것을 다 보여준다는 점에서 가장 이집트답다.

디나르의 나라에 온 봄

마그레브

고대 로마에서 사용한 대표적인 화폐는 '데나리우스'였다. 고대 그리스의 드라크마에 대해 로마가 만든 은화로, 공화정 초기 만들어진 화폐였다. 10을 의미하는 라틴어에서 왔는데, 신약성경에 따르면 일용 노동자 하루 일당이었다. 로마제국이 쇠퇴하면서 데나리우스의 은 함량이 크게 줄었다. 경제에 부정적인 영향을 미치자 콘스탄티누스대제는 화폐개혁을 시행해 이를 폐기했다. 그러나 사용 기간이 오래되었고 제국의 영토가 워낙 광대했던 까닭에 프랑스 옛 동전 '데니어', 영국의 '페니'처럼 많은 국가의 주화에 흔적이 남았다.

　현재 알제리, 튀니지 등 마그레브 지역에서 사용되고 있는 '디나르'. 그 데나리우스의 흔적이다. 단 모로코는 마그레브 지역이면서도 디르함을 사용한다. 디르함은 그리스 드라크마에서 유래된 아랍 지역의 화폐단위다.

　마그레브는 오늘날 지중해를 바라보고 있는 북아프리카 지역, 아랍어로 '해가 지는 지역', '서쪽'이라는 뜻의 알 마그리브에서 유래되었다고 한다. 석양의 땅으로, 지중해와 접한 해안지대를 제외하면 대부분이 사하라사막과 닿아 있다. 이들은 카르타고와 로마 지배 이후 7세기부터 이슬람제국의 지배를 받았다. 모로코를 제외한 나머지 지역들은 15세기에는 이집트와 마찬가지로 오스만제국의 지배로 들어갔고, 19세기 제국의 몰락 이후 1830년 알제리, 1881년 튀니지, 1912년 모로코가 차례로 프랑스 식민지가 되었다. "센강이 파리를 가로지르듯 지중해가 프랑스를 가로지른다"라는 표현이 있었을 정도였다. 아랍어와 함께 프랑스어가 널리 사용되는 이유다.

유럽 식민 세력으로부터 아프리카의 실질적인 해방이 시작된 곳이 북아프리카였다. 1943년 이탈리아인이 32년 만에 리비아에서 쫓겨나며 가장 먼저 짐을 싸는 나라가 되었다. 물론 유엔은 프랑스, 영국의 분할 통치를 허용하다가 1951년 독립을 인정하겠지만. 1946년 영국이 이집트를 떠났고, 1956년 모로코와 튀니지의 독립을 허용한 프랑스는 1954년부터 8년간 심각한 유혈 전쟁을 겪은 후에야 알제리에서 물러났다. 그리고 석양의 땅은 여타 아프리카와 마찬가지로 독재자, 부패, 빈곤과의 싸움에 돌입했고, 그곳에 봄은 왔다. 이들이 디나르에 담아낸 이야기다.

10디나르(엘리사), 2005년 발행

튀니지, 카르타고 나라의 재스민혁명

모로코, 알제리, 튀니지, 리비아. 북아프리카의 선사시대 이곳에 살던 사람은 베르베르족의 조상이다. 이집트와 접촉하며 문화와 문명을 발전시켰고, 리비아의 베르베르인은 이집트에서 22왕조에서 24왕조를 다스리기도 했다.

리비아 출신 파라오왕조가 이집트를 정복하기 전, 기원전 9세기후반 북아프리카에 다른 강자가 출현한다. 튀니지 북부에 건설된카르타고다. 지금의 서아시아 레바논에 기원전 2천 년 무렵 페니키아라는 도시국가가 세워졌는데, 카르타고는 그들이 세운 국가였다.

카르타고를 세운 공주 디도(엘리사)는 본래 티레(현재 레바논)의페니키아인 공주였다. 왕위를 계승한 오빠는 폭정을 일삼았는데,심지어 재산에 눈이 멀어 제사장인 디도의 남편을 살해한다. 위기를 느낀 그녀는 도망쳐, 안전한 곳에 정착하기 위해 서쪽으로 이동했다.

디도와 그의 동맹자들은 북아프리카 연안에 정착한 상인들과 초기 페니키아인 선원들이 세운 도시 우티카(튀니지 북동부 고대도시)에서 가까운 곳에 도시를 세웠다. 현지 부족장에게 소가죽 한장으로 덮을 수 있는 땅을 약속받고, 가죽을 가늘게 잘라 넓은 비르사 언덕을 차지하는 지혜를 발휘했다고 한다. 카르타고의 탄생이었다.

5디나르(한니발 바르카), 2013년 발행

　카르타고는 지리적 이점과 뛰어난 해상무역 능력 덕분에 빠르게 성장했다. 서지중해 무역의 중심지로 부상하면서 주변 페니키아 식민지를 통합하고 북아프리카, 이베리아, 시칠리아 등지로 세력을 확장했다. 특히 사하라의 건조화로 열대 아프리카와 소통이 중단된 시기, 이들의 활동으로 북아프리카가 지중해 역사 안에 통합될 수 있었다. 지중해 일대를 장악하는 강국이 된 페니키아. 그러나 역사는 편애하지 않는 법이다. 영원한 강자나 영원한 약자는 없다. 새로운 강자 로마가 등장했고, 120여 년 동안 벌어진 세 차례에 걸친 로마와 포에니전쟁에서 카르타고는 패배했다.

　한니발 바르카는 2차 포에니전쟁의 장군으로, '바르카'는 페니키아어로 '천둥'이라는 뜻이다. 10년 넘게 치러진 이 전쟁의 초기, 로마는 카르타고 명장 한니발의 현란한 전술 때문에 수세에 몰렸다.

　한니발은 전투 코끼리를 포함한 에스파냐 군대를 거느리고 남프랑스를 거쳐 알프스를 넘어 이탈리아로 진격했다. 카르타고군을 이탈리아 영토에 맞이한 로마는 가까스로 패배를 모면했다. 시간은 상대편을 보급 물자 부족과 각종 문제에 시달리도록 붙잡아둘 수 있는 자의 편이었다. 오직 지연전술만이 로마를 구할 수 있었다. 한니발이 로마의 라틴 동맹 세력의 지지를 얻어내는 데 실패한 것도 전세를 결정지은 중대 요인이 되었다.

로마의 풍부한 인적자원과 규율, 긴밀한 동맹에 한니발이라는 군사 천재는 결국 패배했다. 기원전 202년 스키피오가 카르타고 근처 자마에서 한니발을 물리친 것이다. 특히 로마 기병은 누미디아의 왕 마시니사의 배신 덕분에 카르타고 기병을 격파할 수 있었다. 이웃 국가 알제리에서 마시니사의 묘를 지폐 도안으로 기념하는 이유다. 결국 승리한 스키피오는 아프리카누스, 아프리카의 정복자라는 뜻의 별명을 얻는다. 튀니지는 로마의 영토가 되었다.

5디나르 뒷면(로마식 아치), 1965년 발행

20디나르 뒷면(엘젬 원형극장 유적지), 2017년 발행

5디나르 뒷면(자구안의 로마 수로), 2022년 발행

로마시대 아프리카 속주는 수백 년 동안 제국의 경제 및 문화적 중심지로 번영했다.

로마식 도시로 재건된 카르타고는 로마, 알렉산드리아, 안티오키아 등과 함께 로마 최대의 도시 중 하나였다. 육상보다 해상교통이 빠르고 원활하던 때, 카르타고는 남이탈리아를 기준으로 오히려 북이탈리아보다 더 가까웠다. 카르타고 인근이 거의 완전히 로마화 된 까닭이다. 게다가 제국 여러 지역에서 퇴역 군인을 포함한 이주민 역시 유입되면서 카르타고는 국제적인 분위기를 띠는 도시가 되었다.

5세기 초 반달족은 지브롤터해협을 건너 아프리카를 침공했다. 10년 만에 카르타고 역시 공략해, 로마 아프리카 속주 전역을 손에 넣고 반달왕국을 세운다. 동로마 유스티니아누스 황제가 벨리사리우스 장군을 파견해 534년 멸망시킬 때까지 반달왕국은 거의 한 세기를 존속했다. 7세기 동로마제국 역시 이슬람 세력에 쫓겨난다. 이슬람 세력은 698년 카르타고를 함락하고 북아프리카 정복을 마무리지었다.

튀니지의 옛 수도인 수스는 자마전투를 위해 스키피오가 상륙한 곳이었다. 로마제국령 아프리카 속주의 중심 도시. 그러나 동로마제국이 670년 무슬림 군대에 함락되어 파괴된 뒤 새롭게 계획된 도시로 바뀌었다. 사헬의 진주라고도 불리는데, 지금도 여름철이면

20디나르 뒷면(수스 항구), 1980년 발행

수많은 관광객으로 북적이는 대표 휴양 도시 중 한 곳이다.

우마이야, 아바스 왕조의 북아프리카 지배 시기를 지나 800년경 형식적으로만 아바스왕조의 신하이고 사실상 독립 왕조인 아글라브왕조가 세워진다. 이라크 수니파의 종주국 아바스왕조의 패권을 존중했으니 수니파였을 터. 아바스왕조에 적대적인 세력의 동진을 막는 임무를 충실히 수행했으나, 9세기 중반 이후 이집트에 수니파 튀르크계 툴룬왕조 등의 독립 왕조가 세워지자 아바스 중앙 정부와 교류가 어려워지면서 사실상 독립 국가가 된 것이다.

카르타고의 선박 제조술을 이어받아 강력한 해군을 양성한 아글라브왕조는 해군력으로 프랑스, 이탈리아, 그리스 등의 해안을 노략질하며 기독교 국가들에 큰 위협이 될 정도였다. 이슬람화 이후에도 100년이 넘도록 다수로 남아 있던 튀니지의 그리스도교 신자들은 아글라브왕조의 번영과 유화정책으로 이슬람으로 개종했다고 한다.

아글라브는 파티마왕조에 멸망당했다. 파티마왕조는 우리가 익히 알 듯 이집트의 카이로를 건설한 왕조다. 본래 튀니지에서 시작된 파티마왕조는 909년 이맘 이스마일의 직계 자손으로 초대 이맘 알리의 7대 후계자가 세웠다고 하며, 시아파 이슬람교가 국교다. 파티마왕조는 북아프리카 전역을 정복하기 시작했는데, 서쪽의 모로코를 차지했고, 눈길을 돌려 963년 이집트를 정복하는데 성공한다. 이듬해 수도를 카이로로 옮겼다. 십자군전쟁으로 쇠락해진 파티마는 살라흐 알 딘이 세운 아이유브왕국에 무너졌다.

할둔은 에스파냐 세비야에서 튀니지로 망명한 명문 가문으로, 칼둔이라고도 한다. 이븐 할둔(1332~1406)은 14세기 중세 이슬람 세계를 대표하는 역사가이자 사상가, 정치인. 정치가로서의 인생은 유랑의 연속이었지만, 서아시아 이슬람 역사의 체계화를 시도해 《이바르의 책》이라는 세계사를 완성한다. 권두에 실은 '역사서설'로 통칭되는 무캇디마는 사회의 형성과 변화의 법칙을 고찰한 세계적인 명저다. 역사 사실의 나열을 넘어 역사 발전의 법칙을 찾으려 시도한 것으로, 최초로 비종교적 역사철학을 발전시킨 셈이다.

1382년 이븐 할둔은 이집트 카이로로 이주해, 활발한 강연 활동을 벌이며 당시 맘루크왕조의 술탄 바르쿠크의 신임을 얻기도 했다. 티무르가 시리아 원정에 나서 다마스쿠스를 포위했을 때 명성을 들은 그가 주둔지에 초대했는데, 뛰어난 변설로 좌중을 압도했다고 한다.

튀니지는 베두인과 노르만족의 공격으로 혼돈의 도가니였던 몇 세기 지나 이븐 할둔이 섬겼던 하프스왕조를 거쳐 16세기 결국 오스만제국의 지배하에 들어간다. 근대화 노력이 시작되는 것은 19

10디나르(이븐 할둔), 1994년 발행

세기 중반 아흐메드 베이(1786~1851)에 의해서다. 베이는 1640년 이후 튀니지의 실질적인 통치자의 직책으로, 본래 오스만 정부에 의해 임명된 파샤 아래에서 세금 징수 등을 맡았다. 그는 이집트의 무함마드 알리를 따라 개혁에 나서 근대적인 통신, 교통, 군대, 교육기관을 도입했다. 뒤이은 사독 베이 시기 1863년 헌법이 제정될 기반을 닦은 셈이다.

그러나 마그레브의 고질병인 미약한 중앙정부와 그로 인해 잘 걷히지 않는 세금, 무역 적자, 자연재해, 심각한 경제난과 재정 적자, 거기에 부패까지 더해지며 1867년 튀니지 정부는 파산을 선언한다. 2년 후 영국, 프랑스, 이탈리아가 채권단을 구성해 경제를 정상화하려 했으나 이 또한 실패했다. 1881년, 알제리로부터 세력을 확장하고 있던 프랑스의 보호령이 되었다.

1940년 프랑스 본국이 독일에 점령당하면서 튀니지는 비시 프랑스에 귀속되었고, 치열한 북아프리카 전쟁의 무대가 된다. 이탈리아에 양도되었던 튀니지는 결국 1943년 5월 13일 추축국 군대가 항복해서 다시 프랑스로 돌아온다.

제2차 세계대전 후 하비브 부르기바(1903~2000)가 이끄는 세력의 독립운동은 계속되었다. 인도차이나 전쟁 실패, 알제리 문제로 제 코가 석 자였던 프랑스. 결국 1956년 3월 20일, 베이였던 무함마드 8세 알 아민을 국왕으로 하는 튀니지왕국으로 독립하게 한다. 사실 수도 튀니스에 있던 베이는 독립운동에서 어떤 역할도 하지 않았다. 무함마드 8세 알 아민은 궁전 안에 시계를 잔뜩 모

10디나르(하비브 부르기바), 1986년 발행

아 놓고 곡예사를 곁에 거느린 채로, 천문학과 연금술에 매료되어 온종일 실험실 안에서 이름 모를 액체들을 혼합하며 지내는 괴짜였다.

하비브 부르기바는 1903년 태어나 파리에서 교육받고 프랑스 여성과 결혼한 뒤 열정적인 변호사로 활약하면서 감옥을 제집 드나들 듯하던 인물이었다. 1934년 신 데스투르당을 창당한 직후 사하라사막에서 20개월 유배 생활을 했고, 석방되자마자 파리로 가 입헌 정권을 세워 국민이 정부에 참여할 수 있게 해달라고 촉구하다가 다시 체포되어, 튀니지와 프랑스에서 4년 동안 복역했다. 이후로도 수많은 구금 생활 끝에 1955년 6월 위풍당당한 모습으로 튀니지에 돌아왔고, 군중은 부두에서 궁전까지 대로를 가득 메운 채 그를 환영했다. 이틀 뒤 튀니지의 내정 자치를 인정하는 협약이 체결되었다. 프랑스와 협상으로 독립을 쟁취하자 튀니지왕국의 초대 총리로 부임했다.

결국 1957년 튀니지왕국을 전복시킨 부르기바는 튀니지 제1공화국을 선포한 뒤 초대 대통령에 취임해 체제 정비와 개혁 정치를 시작한다. 튀니지의 케말 파샤라 불릴 만큼 세속주의 강화 정책을 펼쳤는데, 이혼을 합법화시켜 일부다처제를 폐지하는 등 여권 신장에 힘썼다. 이슬람교의 율법이자 기본법인 샤리아가 아닌 대륙법을 도입한 것도 같은 결의 정책인 셈이다. 외교 노선도 중립적이며 실리적인 노선을 걸었는데, 이집트 나세르와 협력하면서 이스라엘과도 적대적인 관계에 치우치지 않으려고 했다.

'부르기바주의'는 경제발전, 강력한 세속주의, 복지국가 건설, 근대화를 의미했다. 튀니지가 유럽과 아랍 세계를 잇는 다리 역할을 한다는 점도 강조했다.

20디나르 뒷면(비둘기), 1992년 발행

그러나 부르기바는 권력 면에서만큼은 양보하지 않았다. 헌법을 바꿔가면서까지 종신 대통령직을 유지하면서 독재정치를 자행했다. 튀니지의 정치제도에 대해 질문을 받자 "제도? 무슨 제도 말이요? 내가 곧 제도"라고 응수할 정도였다. 그러나 세월이 독재자라고 비껴갈까? 부르기바는 1987년 쿠데타로 대통령직에서 물러나야 했다. 무혈 쿠데타의 주역은 벤 알리. 이후 권력을 잃은 채로 쓸쓸하게 노년을 보냈고, 2000년 96세의 나이로 사망했다. 20디나르 뒷면의 비둘기는 1987년 11월 7일 무혈 쿠데타를 형상화한 것이다.

하지만 벤 알리마저 이후 장기 독재 정권으로 변질되고 만 것이 튀니지의 비극이다. 결국 사회 및 경제적 문제와 독재에 대한 불만이 무함마드 부아지지의 분신자살을 통해 촉발되었다. 소셜미디어를 통해 확산하며 2010년에서 2011년까지 튀니지는 뜨거웠다. 재스민혁명이었다. 튀니지의 국화 재스민은 결국 아랍 세계에 봄을 초대했고, 벤 알리 정권 역시 무너졌다.

누미디아왕국 알제리의 11월 1일 전쟁

누미디아는 북아프리카 내륙에 조랑말을 치고 사는 유목민 중 일부를 가리키는 말이었다. 카르타고인은 해안가에 여러 식민도시를 건설하면서 대농장들을 운영했고, 누미디아 부족은 카르타고와 교역하며 선진 문물을 받아들였다.

해안 지방이 비옥하고 소출이 많은 땅인 데 비해 건조한 내륙에 거주하는 누미디아인은 카르타고에 판매할 물산이 마땅치 않았다. 반면 카르타고는 피지배 부족이 압도적으로 많아 군대 운영에 곤란을 겪었고, 믿을 만한 동맹군이 필요했던 상태였다. 양쪽의 필요에 따라 카르타고는 기병을 포함한 누미디아 부족 전사들을 용병으로 고용할 수 있었다.

2차 포에니전쟁 당시 한니발의 지휘를 받던 누미디아 기병은 로마군을 여러 차례 야전에서 농락하면서 한니발의 승전에 기여했다. 물론 누미디아 부족은 통일 집단이 아니었고, 카르타고와 알력이 있기도 했다. 스키피오가 누미디아 일부를 포섭하자 이들은 로마 편으로 돌아섰다. 결국 자마전투에서 로마군의 동맹군으로 참여해, 카르타고군을 격파하는 데 결정적인 역할을 하기에 이른다. 전쟁 이후 누미디아는 카르타고에 대해 반 예속 상태였던 데에서 벗어나 로마의 동맹국이 될 수 있었다.

마시니사는 기원전 3세기 누미디아의 왕이다. 그는 2차 포에니 전쟁에서 로마의 스키피오와 동맹을 맺고 자마전투 오른쪽 날개로 기병대를 지휘하며 로마군이 승리를 거두는 데 결정적인 기여를 했다. 그 후 누미디아의 왕이 되었고 번영을 이끌었다. 로마 역시 카르타고에 대한 방파제로 누미디아가 필요했던 터라 적극 지원했다. 카르타고와 영토 분쟁을 벌여 3차 포에니전쟁의 원

500디나르(누미디아 코끼리 모습), 1998년 발행

500디나르(누미디아 왕 마시니사 무덤), 1998년 발행

인을 제공하기도 하고, 수많은 부족을 복속시켜 누미디아 통일을 이루었던 마시니사는 90세가 넘도록 통치를 이어갔다.

로마의 동맹국 누미디아는 로마 공화정 측의 예속화 시도에 맞서서 유구르타전쟁을 일으켰으나 결국 패배하면서 입지가 약화했

고, 유바 1세가 로마 내전에서 카이사르가 아닌 폼페이우스 측에 가담한 결과 재기에 실패하고 만다. 결국 로마제국 아우구스투스 황제 시기 로마의 속주로 전락한다.

카르타고인들이 터를 닦았던 해안지대의 대농장은 로마제국 시대 내륙까지 더 확장되었다. 누미디아는 여타 로마제국 속주민과 마찬가지로 빠른 속도로 로마에 동화되었다. 지방과 교역, 관직 진출 등을 이유로 라틴어를 학습했고, 이는 누미디아인이 급속도로 로마인 화한 이유 중 하나였다.

200디나르(꾸란을 학습하는 선생님과 아이들), 1992년 발행

서로마제국 멸망 후 알제리 역시 반달왕국 지배하에 들어갔고, 동로마제국으로 통치가 넘어갔다. 무슬림이 북아프리카를 정복하면서 아랍의 식민지화 역시 계속되었다.

이베리아반도에서 레콘키스타가 끝난 후 북아프리카에서 에스파냐의 팽창주의 정책이 시작되었다. 그 와중에 알제리 해안 몇몇 마을이 정복되었는데, 특히 1507년 에스파냐의 오랑 정복은 처참한 유혈 사태를 낳았다. 알제, 콘스탄틴과 더불어 알제리의 대도시 중 하나인 오랑은 서부의 중심지였다. 이븐 할둔은 오랑을 '불행한 자들의 천국'이라고 묘사하며, 가난한 자가 도시 성벽을 통과하면 다시 나올 때 부자가 되어 있을 것이라 했다. 13세기 무역 거점으로 번영을 누린 오랑에 대한 표현이었다. 이후 1708년 오스만의 지배로 돌아와 199년 만에 다시 무슬림이 다스렸던 오랑은 다른 알제리 지역과 마찬가지로 19세기 프랑스의 지배 아래 들어갔다.

1962년 3월 18일 스위스 접경지대인 소도시 에비앙의 호텔 파크 앞에 헬리콥터 한 대가 내렸다. 보안 위험 탓에 스위스군에서 제공한 헬기에서 내린 이들은 알제리 임정 대표단이었다. 알제리 민족해방전선(FLN)의 '역사적 6인'에 드는 크림 벨카셈을 단장으로 알제리 임정의 외교장관 사드 달라브, 대변인 레다 말렉 등 6인이었다. 대표단은 어려운 협상을 이끌었던 드골의 심복과 프랑스 대표들과 함께 93매의 협정 전문에 조인하고 회의장을 곧 떠났다. 알제리 독립을 앞두고 프랑스와 알제

2천 디나르(FLN 6인의 지도자), 2020년 발행

리 임시정부가 체결한 평화조약 에비앙협정을 통해 알제리는 프랑스의 지배에서 벗어나 독립했다.

프랑스가 알제리를 본토로 편입한 이유는 지중해만 건너면 바로 도달할 수 있는 프랑스 본토와 가장 가까운 식민지였던 데다 본토와 지리적 환경이 유사하고 자원이 풍부해 개발 가치가 높은 땅이었기 때문이다. 아프리카에 진출하는 거점으로 삼기에 적절했던 셈이다. 실제로 프랑스군의 주요 군항과 군수물자 공장들이 있었으며, 그 유명한 프랑스 외인부대 역시 여기서 시작되었다. 당대

프랑스인 역시 본토로 인식할 정도의 알제리에 대한 프랑스의 집착은 다른 식민지 독립 과정보다 알제리 전쟁이 훨씬 더 잔인하고 폭압적인 형태를 띤 원인이 되었다.

알제리 지배는 1830년 샤를 10세 재위기부터 시작되었다. 북아프리카 서안을 점령한 뒤 주요 도시인 '알자자이르'의 프랑스어명 '알제'를 따 '알제리'라는 이름을 붙이고 통치했다. 아이러니하게도 알제리 정복을 주도한 샤를 10세는 프랑스군의 주력 상당수가 알제리로 가 있는 틈을 타 7월혁명이 일어나는 바람에 국왕 자리에서 쫓겨났다.

수많은 유럽인은 기회를 찾아 대거 알제리로 이주했다. 식민 통치가 끝날 무렵인 1950년대 말 유럽계 이주민들은 알제리 인구 중 10퍼센트 이상을 차지하고 있었다. 알제나 오랑 등 주요 도시들에는 유럽 도시 분위기가 짙게 나타나는데, 당시 이주해 온 유럽인들이 정착하면서 나타난 경관이었다. 이들은 검은 발이라는 뜻의 '피에 누아르'라 불리며 식민 지배 시기 알제리 사회에서 기득권을 독차지했다. 1962년 7월 5일부터 3일간 피에 누아르에 대한 보복으로 450~1,500여 명이 살해된 오랑 학살이 벌어졌던 것을 보면 그 분위기는 상상이 간다. 물론 알제리는 인정하지 않고 있지만.

1943년 연합군은 지중해 전선을 안정시키고 이탈리아 위협을 위해 횃불 작전을 벌여 알제리를 공격, 점령할 수 있었다. 그 후 자유 프랑스 및 연합군이 파리를 탈환하기 이전까지 알제리는 자유 프랑스의 거점이었다.

알제의 독립기념비는 독립한 20년을 기념해 1982년에 세운 92미터 높이의 탑이다. 야자수 잎 3장이 모여진 형상으로 되어 있는데, 각각 농업, 산업, 문화를 상징한다고 한다. 당시 알제리 대통령 샤들리 벤제디드가 새로운 시대의 시작을 알리는 상징적인 장소로 세웠다.

알제리 독립은 제2차 세계대전에서 프랑스군으로 참전한 알제리인이 속속 알제리로 들어오고, 디엔비엔푸전투에서 프랑스군이 추하게 패배하자, 알제리인이 참전자들을 중심으로 FLN을 결성해 8년간 알제리전쟁을 벌인 결과

200디나르(알제 독립기념비), 1983년 발행

였다. 1954년 11월 1일, 붉은 만성절 사건이 발생해 알제리의 도처에서 폭동이 연쇄적으로 일어났다. 프랑스 당국이 너무 보복적인 과잉대응을 하는 바람에 FLN은 오히려 민중들로부터 폭넓은 지지를 이끌어냈고, 혁명 상황을 유도할 수 있었다. 알제리전쟁의 역사적인 시작이다.

프랑스군은 FLN에 대해 군사적으로 내내 우위를 점했다. 50만 이상의 병력으로 육해공군을 총동원해 하루 평균 20억 프랑의 전쟁 비용을 쓰며 독립군을 토벌한 것이다. 그러나 결국 실패한다. 알제리인 학살과 탈식민주의 바람 등으로 국제 여론은 점점 악화

했다. 특히 튀니지와 아랍 국가들, 소련이 프랑스를 비난하면서 알제리의 독립에 힘을 보탰다. 이때 튀니지가 독립을 지지한 덕분에 지금도 알제리와 튀니지는 이웃 나라치고는 이례적으로 사이가 좋다. 계속 이어진 전쟁에 프랑스 여론도 환멸을 느꼈다. 불과 몇 년 전 베트남전쟁에 억지로 징집되어 싸웠던 프랑스 젊은이들은 알제리에서 똑같이 전쟁을 치르면서 징병 기피자만 늘어갔다.

그럼에도 불구하고 프랑스는 수에즈전쟁까지 벌인 상황이었다. 결국 1958년 프랑스 제4공화국이 무너지고 샤를 드골이 개헌을 통해 신임 프랑스 대통령이 되면서 알제리에 대한 독립 논의가 본격적으로 시작되었다.

독립한 지 50년이 넘은 알제리. 이제 세계에서 가장 긴 37층 높이 미나렛으로 유명한, 세계에서 세 번째로 규모가 큰 모스크인 알제 대 모스크를 세우기도 한 국가다. 중국, 알제리 및 아프리카 국가 출신 노동자 2,300명이 이 모스크 건설 현장에 투입되었다고 한다. 알제리가 꿈꾸는 미래는 어떤 것일까?

2천 디나르 뒷면(알제 그랜드 모스크), 2022년 발행

피에 젖은 땅을 딛고

콩고민주공화국·
부룬디·르완다

인간동물원이 있던 시절이 있었다. 문명화되었다고 자부하던 서구인이, 19~20세기 아프리카를 비롯한 아시아 등지의 민족을 열등하다고 비웃으며, 야만 또는 미개라는 시각에서 인간 자체를 전시한 것이다. 미국박람회에 전시된 콩고 출신의 피그미족과 이누이트, 프랑스와 독일의 '검둥이촌', 영국박람회의 애버리지니 등등. 1870년 이후 인간동물원은 제국주의 상징으로 서구 각국으로 퍼져 나갔고, 1929년 세계 대공황이 시작되며 서서히 사라졌다.

중세 도시와 수많은 르네상스 건축물을 보유한, 유럽연합과 나토의 주요 기관이 있어 '유럽의 수도'로 불리는 브뤼셀을 수도로 가진, 와플만 떠오르지만 실은 감자튀김의 본산이라는, 틴틴과 스머프라는 유명 캐릭터의 산지이자, 왠지 모르게 사람이 살기에 평화롭고 조용할 듯한 느낌을 주는 나라. 놀랍게도 이 나라는 인류 역사상 마지막 인간동물원이 열린 곳이다. 제국주의시대도 지나, 그것도 세계인권선언이 발표되고 10년은 지난 20세기 중반, 1958년이었다.

19세기 말에서 20세기 그들의 왕국이 다스렸던 식민지에서는 아프리카에서도 손꼽힐 만큼 참혹한 과거가 현재까지 이어진다. 벨기에 식민제국. 1885~1962년 벨기에가 소유하던 식민지다. 아프리카 대륙 중앙에 있는, 한때 자이르(1971~1997)였다가 현재는 콩고민주공화국(민주콩고)이 된 벨기에령 콩고, 그리고 부룬디와 르완다가 그곳이다. 자원 강탈과 부패, 혹은 내전과 부족 간의 학살로 파멸적인 현대사를 경험한 국가들. 아직 진행 중임에 그들의 비극은 여전하다.

저주가 된 자원, 민주콩고

잉가 수력발전소는 콩고강 하류의 수로식 발전소다. 잉가는 콩고어로 '그렇다'는 뜻이다. 아마존 다음 두 번째로 세계에서 수량이 풍부한 콩고강. 세계 최대의 댐인 중국 산샤댐 발전 용량의 2배가 가능하다. 한국 전체 용량의 4배 가까운 거대한 규모다. 아프리카 총 전력 수요를 충당하고도 남는 발전 용량. 암흑대륙이라

100콩고민주공화국프랑 뒷면(잉가 댐), 1997년 발행

불리는 아프리카의 밤을 환하게 밝힐 수 있다. 물론 '그랜드 잉가 프로젝트'가 실현된다면 그렇다는 이야기다. 2025년 현재도 복잡한 정치 상황으로 진행되지 못하는 상황이다. 현재는 1980년경 건설된 중형 댐이 운영 중이다.

민주콩고의 수도 킨샤사는 바로 이웃 콩고공화국의 수도 브라자빌과 콩고강 하나를 사이에 두고 위치한다. 둘 다 국경지대에 수도가 있는 셈이다. 내륙국에 가까운 콩고민주공화국은 콩고강을 따라 대서양을 통해 물류가 오간다. 그리고 그 콩고강을 타고 주변을 탐험하며 유럽인이 들어왔다. 잔혹한 착취로 유명했던 벨기에의 식민지가 된 시작이었다.

사실 대서양 노예무역에도 불구하고 서아프리카 해안을 제외한 대부분의 사하라 이남 아프리카는 19세기까지 유럽인의 영역 밖이었다. 그러나 1880년대부터 상황은 변한다. 콩고강 주변 계곡들을 둘러싼 비옥한 지역, 아프리카의 심장부가 드러나면서였다. 당시 유럽 제국주의자는 벨기에 국왕 레오폴드 2세에 고용된 벨기에인을 재정적으로 지원했다. 벨기에인은 행방불명된 리빙스턴을 구조해 유명해진 헨리 모턴 스탠리의 길을 뒤따랐다. 스탠리는 대륙을 횡단하면서 나일강 원천인 빅토리아호수를 발견했고 콩고 지방을 탐험했다. 덕분에 레오폴드는 콩고강 분지의 세력들과 조약을 맺고 콩고 자유국을 세워 방대한 자원과 광물을 획득할 기회를 얻는다.

유럽 각국의 격렬한 저항이 뒤따르자 베를린회의가 열린다. 유

1천 콩고민주공화국프랑(조제프 카사부부), 1961년 발행

럽 12개국 대표가 아프리카를 분할하고 원칙을 정했는데, 먼저 개척하고 원주민의 동의를 받은 국가가 소유통치권을 가진다는 것이다. 결과는 뻔했다. 격렬한 아프리카 쟁탈전이 뒤따랐다. 이제 유럽 기업은 노예무역 대신 베를린에서 보장한 아프리카인의 자유노동을 착취하기 시작했다. 유럽 모든 국가를 합친 면적보다 더 광대한 토지가 다이아몬드 광산과 고무, 야자유 등을 추출하기 위한 대농장이 되었고, 수십만 아프리카인이 그곳에서 질병과 과로로 사망했다.

콩고민주공화국 독립에 큰 역할을 했던 독립운동가는 조제프 카사부부(1910~1969), 파트리스 루뭄바(1925~1961) 그리고 모이스 촘베(1919~1969)였다. 1960년 독립 이후 카사부부가 콩고민주공화국의 초대 대통령이 된다. 그러나 민주콩고가 온전하게 독립하는 길은 이들이 각자 지원받는 국가의 알력과 합해져 잔인하고 참혹하게 전개되었다. 미국의 지원을 받던 카사부부는 바콩고 민족을 독립의 중심으로 본 데 반해, 촘베는 지하자원이 풍부한 카탕가 지역의 주지사가 되어 벨기에와 남아프리카공화국 인종차별 정권의 지원을 받았기 때문이다.

벨기에 식민지 시절 독립운동가로 활동한 콩고민주공화국 초대 총리 파트리스 루뭄바는 지폐 도안 속에서 정면을 보고 있는 남자다. 콩고의 통합이라는 이념을 가졌던 루뭄바.

1960년 6월 30일 독립 기념식에 참석하기 위해 젊은 벨기에 국왕 보두앵이 콩고에 왔다. 그의 축하 연설은 너무 단순해서 콩고 사람들은 그것을 도발로 여길 수밖에 없었다. "(할아버지인) 영명하신 군주 레오폴드 2세께서 콩고를 문명화시켰고, 다하지 못한 일은 우리가 돕겠습니다"라는 연설에 "벨기에가 콩고를 위해 바친 모든 희생"이라는 말도 했다.

레오폴드 2세가 누구인가? 콩고 자유국에서 과도한 착취와 학살을 자행한 나머지 대외적으로도 비난이 쏟아진 인물이다. 본토보다 80배나 큰 면적을 그의 개인 회사가 운영했는데, 상아를 얻기 위해 자연과 사람을 무참히 파괴했다. 피아노 건반과 의치를 만들기 위해서였다.

1콩고민주공화국프랑 뒷면(파트리스 루뭄바), 1997년 발행

다음은 천연고무. 자전거와 자동차용 바퀴로 사용되면서 수요가 기하급수적으로 증가한 고무는 엄청난 이윤을 남겨 레오폴드 개인 금고를 채워주었다. 고무 채취 할당량을 채우지 못한 원주민은 1차는 손, 2차는 팔, 3차는 목을 절단당해야 했는데, 1896년 지방 행정관이 단 하루에 1,308개의 잘린 손을 받기도 할 정도였다. 콩고 인구의 절반가량이 줄어들 만큼 악랄하게 통치한 인물이었다.

대통령 카사부부는 예의 바르게 답변했지만, 왕을 위해 준비했던 감사 인사를 생략했다. 루뭄바는 분노를 감추기 힘들었다. 오랜 세월에 걸쳐 콩고인이 벨기에인에게서 받은 치욕이라며, "우리는 흑인들이 자유로워지면 어떤 일을 이룰 수 있는지 온 세상에 보여줄 것이다"라고 말을 이었다. 콩고인은 오랫동안 박수했고, 벨기에 사람들은 충격을 받았다.

기념일 며칠 뒤, 벨기에 장교에게 치욕당하기 싫다는 콩고 병사들의 폭동 조짐에 장교들을 해임할 수밖에 없던 루뭄바. 경험이 없는 사람들이 그 자리를 대신 채운다. 참모총장에는 루뭄바의 개인 비서로 당시 25살이던 조제프 모부투(1930~1997)가 임명되었다.

병영에서 일어난 혼란, 벨기에 군대의 콩고 파견, 그 와중 촘베의 카탕가 독립선언, 유엔에 원조를 요청한 후 부족한 인원에 실망한 루뭄바의 소련에 대한 도움 요청, 미국 대사의 루뭄바를 대체할 인물 고려는 조제프 모부투가 권력을 잡은 이유이자 과정이었다.

카사부부 정권은 계속 유지했지만, 이 과정에서 루뭄바는 촘베에 끔찍한 고문을 당한 끝에 벨기에 장교들이 지켜보는 가운데 총살당한다. 조제프 모부투는 미국의 후원을 받아 체계적으로 군대를 조직하고 권력 싸움을 마친 다음, 1965년 카사부부와 촘베를 제거하며 대통령이 되었고, 결국 종신 독재자로 향했다.

쿠데타로 정권을 잡은 모부투 대통령은 루뭄바를 국민 영웅으로 선포한 뒤, 1967년 '아프리카 되기' 캠페인을 시작한다. 1970년 콩고라는 국명이 자이르로 바뀐다. 모든 국민은 아프리카 이름을 가져야 했다. 자신은 '모부투 세세 세코 은쿠쿠 은벤두 와 자 방가'로 고쳤는데, '굽히지 않는 용기로 승리에 승리를 거듭한 강력한 전사'라는 뜻이다. 극악무도한 식민지 약탈자 레오폴드 2세의 이름을 따서 지은 콩고 수도 레오폴드빌은 과일이 풍성한 곳이라는 뜻의 '킨샤사'로, 스탠리를 기념하기 위해 지은 스탠리빌은 '키상가니'라는 콩고 이름으로 바뀌었다. 호수 앨버트호는 자신의 이름을 딴 '모부투 세세 세코' 호수로 바꾸었다.

모부투 세세 세코는 아프리카에서 가장 부유하고 부패한, 가장 고약한 폭군 중 한 사람이 되었다. 그의 우상화와 실정, 부패와 사치로 '도둑정치'라는 신조어가 만들어질 만큼 국제적으로 악명을 떨쳤다. 특히 부패는 상상을 초월할 정도였는데, 모부투가 사후에 남긴 재산은 50~60억 달러였다고 한다. 이는 당시 자이르 국가 부채의 절반에, 자이르의 총 GDP와 맞먹는 금액이었다. 이 정도의 터무니없는 억압과 부패를 자행하고 있었는데도 서구 정부, 특

100만 누보자이르(모부투 세세 세코), 1996년 발행

히 워싱턴의 신망은 대단했다. 당시 모부투를 두고 통용되던 표현은 풍족한 원조를 제공해 지원할 만한 가치가 있는 '쓸모 있는 폭군'. '모부투 아니면 혼란'이 당시 일반적인 워싱턴의 통념이었다. 모부투는 32년간 독재 권력을 유지하는 데 냉전을 이용한 셈이었다. 아프리카 원조 총액의 절반에 해당하는 규모의 돈이 모부투의 개인 용도로 사용되었다.

냉전이 끝나고 모부투 집권 30년에 가까워지자 미국은 마지막 결론을 내렸다. 자이르에 정부는 없다. 르완다내전으로 촉발된 1차 콩고전쟁으로 모부투는 1997년 망명을 떠난다. 게릴라 출신 로랑데지레 카빌라가 3대 대통령이 되었고, 국명은 다시 콩고민주공화국으로 바뀌었다. 대부분의 지명은 콩고식을 유지했는데, 호수 이름만 앨버트호수로 돌아왔다.

카빌라 집권 직후 아프리카의 제1차 대전이라고 불리는 2차 콩고전쟁이 발발했다. 8개 아프리카 국가와 25개 무장세력이 관여된 전쟁이었다. 1998~2003년 400만 명 이상이 사망하며 제2차 대전 이후 가장 큰 피해를 낸 전쟁이라는 기록이 남았다. 아프리카에 50여 개 국가가 있으니 거의 5분의 1이 개입한 셈이다. 이 와중에 르완다와 부룬디는 민주콩고 동부 지역의 광물에 눈독을 들이고 서로 충돌하는 사태까지 발생했다.

사실 콩고민주공화국은 자원이 풍부하다. 레오폴드가 눈을 뒤집고 달려들었던 고무나무만이 아니다. 구리, 코발트, 금, 망간, 우라늄 등 광물자원이 풍부한데, 특히 다이아몬드가 그렇다. 다이아몬드는 반군 자금줄로 사용되고 있으며, 비인간적인 노동력 착취, 유통 과정 때문에 '블러드 다이아몬드'라고도 불린다.

500콩고민주공화국프랑(다이아몬드 채굴), 2002년 발행

콜탄도 마찬가지다. 지구상 콜탄의 70~80퍼센트 가량이 민주콩고 동부 지역인 키부에 매장되어 있다. 반군이 활동하는 지역이기 때문에 정부군 무기뿐 아니라

1콩고민주공화국프랑(콜탄 제련 공장), 1997년 발행

반군 무기를 조달하는 자금으로 사용되는 셈이다. 콜탄은 휴대전화 등 IT 제품에 사용되는 탄탈룸의 원료이기에 '블러디 모바일'이라는 표현이 나올 정도다. 스마트폰 이용자가 기기를 바꿀 때마다 콩고 국민 수십 명이 죽는다는 말이 있었다. 서식지가 겹쳐 줄어드는 고릴라의 개체수 역시 비극적이기는 매한가지다.

콩고내전에 참여한 우간다와 브룬디는 반군을 통해 받은 콜탄 밀수로 큰돈을 벌었다. 르완다 역시 나지도 않는 콜탄의 최대 수출국이라는 영예를 누리기도 했다. 민주콩고에서 빼돌린 콜탄으로 말이다. 주변국들이 돈을 확보하기 위해 내전을 끌었다는 분석이 나오는 이유다. 콩고내전은 2003년 공식 종료되었지만, 이후로도 크고 작은 분쟁은 그치지 않았다. 그리고 주변에 따라 언제든지 내전의 소용돌이에 휘말릴 가능성이 크다. 자원이 민주콩고에 저주가 아닌 복이 되려면 인류는 무엇을 해야 할까?

르완다, 대학살의 상처

구릉이 많아 '천 개의 언덕을 가진 나라'로 불리는 나라. 자연경관은 빼어나지만 농사에 쓰일 땅이 부족해, 밭농사 위주로 대부분 커피를 재배하는 나라, 르완다는 19세기 말부터 독일의 지배를 받았다가 제1차 세계대전에서 패배한 독일 대신 1919년부터 벨기에 위임 신탁통치령이 되었다. 르완다의 비극은 이때부터 시작되었다.

르완다와 주변 국가에는 후투족과 투치족이 있었다. 후투와 투치족은 같은 언어를 쓰고 같은 관습을 공유하고 같은 산 중턱에 섞여 살았다. 식민 통치 이전에는 민족 간 정체성보다 신분 구분이 더욱 확고했다. 목축하는 투치족 추장들과 농토를 소유한 후투족 추장들, 그리고 독자적인 집단인 군대를 이끄는 추장들은 모두 왕이 임명한 자들이었다. 이들 사이 투치족 왕에 대한 충성심은 보편화되어 있었다.

처음에는 독일이, 다음에는 벨기에가 식민 통치권을 행사하며 종족 구분 정책을 엄격하게 만들었다. 1900년대 초 독일 행정관들은 둘을 별개의 종족 집단으로 구분했고, 현지에 자국 출신 관리를 두지 않고 투치족을 통치 계급으로 삼아 후투족을 지배할 권한을 부여했다.

투치족은 다른 토착민에 비해 피부색이 비교적 밝은 편이고 콧대도 높았다. 비교적 인구가 적고 피부색이 밝아 '고상한 야만인'처럼 보이는 투치족에게 높은 사회적 지위와 통치권을, 반대로 인구가 상대적으로 많고 피부색이 검은 후투족을 통치받는 계급으로 만들어버린 것이다. 투치족을 우월한 집단으로, 후투족은 열등한 집단으로 분류한 뒤, 소수가 다수를 지배하게 한 것. 수월한 식민 통치를 위해 두 집단을 분열시킨 셈이다.

벨기에는 훨씬 강력한 정책을 도입했다. 출신 민족을 밝히는 신분증 제도를 도입했는데, 외모의 특징이 뚜렷하지 않거나 혈통을 입증할 증거가 없을 때는 가축을 10마리 이상 소유하면 투치족, 그보다 적게 소유하면 후투족으로 분류했다. 이 때문에 후투족이 투치족이 될 수 있는 길은 완전히 차단되었다. 결국 이런 차별 정책은 종족 간의 갈등을 불러일으켰다. 1962년 벨기에가 물러간 뒤 참혹한 사건들이 폭발적으로 발생한 이유이자 르완다와 부룬

500르완다프랑(쥐베날 하브자리마나), 1974년 발행

디에서 벌어진 대학살과 내전의 원인이었다.

벨기에 식민지 체제가 무너진 르완다에서는 서로 처지가 바뀌었다. 피통치자 계급 후투족이 르완다의 통치자로 떠오르고, 투치족은 지배를 받는 쪽이 된 것이다.

쥐베날 하브자리마나(1937~1994)는 후투족 출신 대통령이었다. 1973년 국방장관으로 재임 중에 쿠데타를 일으켜 정권을 잡았고, 20년 독재 동안 후투족을 지원했다. 1994년 4월 6일 키갈리 국제공항 근처에서 그와 부룬디 대통령 시프리앵 은타랴미라가 타고 있던 항공기가 하강하던 중 격추되어 탑승자 전원이 사망했다. 투치족에 대한 대학살이 시작되기 하루 전이었다.

집단학살 계획에는 당시 정부 요직을 차지하고 있던 인물 다수가 참여했다고 한다. 군인과 경찰, 민병대는 재빠르게 투치족 핵심 인사와 온건파 후투족 지도자들을 처형했다. 검문소와 바리케이드를 세우고 르완다 민족 식별 카드를 사용해 체계적이고 잔인하게 투치족을 살해했다. 르완다 정부는 100일 간 학살에서 100

만 명 이상이 살해되었으리라 여긴다.

학살의 배경은 르완다내전이다. 1990년, 후투족 정부와 후투족의 폭력 때문에 우간다로 피신해야 했던 투치족 난민들로 구성된 르완다 애국전선과 충돌로 시작된 터였다. 르완다 애국전선이 승리하고 애국전선 주도의 정부가 출범함에 따라 많은 후투족이 주변국으로 도망했다. 특히 민주콩고 동부, 르완다 국경 주변 난민 수용소에 후투족이 재결집하기 시작했다. 애국전선 주도의 정부는 군대를 파견해 이곳을 급습했고, 르완다 정부와 콩고민주공화국 내 적대 세력 간의 무장 충돌은 사병 조직 간의 충돌을 통해 계속되었다. 여전히 많은 수의 르완다 후투족과 투치족 사람들이 이 지역에서 난민으로 살아간다.

부룬디, 지폐에 소망을 담다

세계에서 두 번째로 깊은 탕가니카 호수의 북쪽 기슭에 자리한 부룬디. 1903년 독일 식민지가 되었다가 벨기에로 통치권이 넘어갔다. 1962년 부룬디왕국으로 독립했지만, 내전이 일어나 1966년 공화국이 되었다.

전체 인구의 약 80퍼센트가 후투족이지만, 지배계층이 소수인 투치족인 것은 르완다와 마찬가지다. 독립부터 1993년 선거까지 연이은 군부 독재자들은 투치족이었다. 르완다와 반대로 후투족에 대한 차별과 인종청소에 가까운 학살이 자행되었고, 이에 대응해 극단적 후투족으로 구성된 무장 반군들이 투치족과 정부군을 공격하면서 발발한 내전은 2015년까지 휴전과 전쟁을 반복했다.

멜키오르 은다다예(1953~1993)는 역사상 최초 후투족 출신 민선 대통령이었다. 후투족과 투치족 사이 원한 해소에 힘을 썼으나 취임한 지 3개월여 만에 군사쿠데타로 피살당했다. 그의 선구자 격인 르와가소르 왕자(1932~1961)와 같은 비극적인 결말이었다.

500부룬디프랑(멜키오르 은다다예), 1995년 발행

100부룬디프랑(루이스 르와가소르의 초상&그의 묘소에 있는 추모 기념비), 1993년 발행

1945년부터 벌어진 아프리카 독립운동에서 부룬디의 리더는 투치족의 르와가소르 왕자였다. 루이스 르와가소르는 귀족이었지만 후투족 평민 여자와 결혼해 부룬디에서 두 부족이 평화롭게 공영할 수 있음을 보였다. 이례적으로 두 부족이 모두 존경하는 정치 지도자였고, 부룬디 최초의 수상이 되었다. 하지만 취임한 지 2주 만에 극단주의자에게 암살되고 만다. 그때 그의 나이 29살이었다. 이때부터 부룬디의 투치, 후투족의 분열은 빨리 끝낼 수 없는 문제가 되었다.

르완다와 부룬디의 공통된 난제는 직접선거를 시행하면 인구 80 퍼센트를 차지하는 후투족 출신 후보자의 승리가 당연하다는 것이다. 투치족은 권력을 잃으면 후투족에게 처참한 복수를 당하지 않을까 두려워했다. 그들이 절대 군부의 총자루를 놓지 않은 이유였다.

1993년 두 부족의 대립을 완화하기 위해 부룬디의 여야는 군사통치를 끝내는 데 합의하고 다양한 당이 출마하는 대통령선거를 실시했다. 여지없이 후투족의 압승이었다. 은다다예가 새로운 대통령이 되면서 부룬디 역사상 최초로 후투족 출신이 국가원수 자리에 올랐다.

대통령이 된 은다다예는 투치족 출신을 총리로 임명하는 등 민족의 화해를 위해 최선을 다했다. 투치족이 군대를 장악한 국면을 타파하고 부족 문제를 근본적으로 해결하기 위해 후투족 출신의 군관 역시 다수 임명했다. 이에 반발한 투치족 군인의 쿠데타는 실패했다. 그러나 은다다예는 암살되었다.

1만 부룬디프랑(루이스 르와가소르&멜키오르 은다다예), 2004년 발행

1천 부룬디프랑 뒷면(국가통합기념비), 2009년 발행

후투족은 그 후에도 한동안 정권을 장악했다. 그러다 1년도 채 지나지 않은 1994년 4월 6일, 르완다와 부룬디 대통령이 탑승한 전용기가 격추되었다. 후투족 출신 대통령 두 명이 한꺼번에 피살된 것이다. 범인이 누구였든 이 사건은 르완다 대학살의 발단이 되었다. 학살 이듬해 부룬디 정부는 희생된 은다다예 대통령을 기념하기 위해 그의 초상화를 500부룬디 프랑 지폐에 담았다. 1996년 투치족 군대가 쿠데타를 일으켜 그 지폐를 봉인했고, 새로운 판본, 즉 전통 조각이 대신했다.

2025년 현재 사용되고 있는 1만 부룬디프랑의 지폐 도안에는 강력한 정치적 메시지들이 담겨 있다. 두 부족 간 진정한 화해의 가능성과 희망 말이다. 화해를 위해 노력하다가 짧은 재임 기간 중 암살당한 두 사람이 하나의 지폐에 자리하고 있다. 여전히 부룬디의 통합과 발전에 지대한 역할을 하는 셈인 두 사람은 부룬디의 소망으로 어쩌면 여전히 살아 있는 것인지도 모른다.

국가통합기념비 역시 그렇다. 학살과 내전이 계속 이어지던 두 부족 간의 갈등을 해소하기 위해 부룬디에서는 1992년 인종차별 철폐를 골자로 하는 새로운 헌법이 시행되었다. 화합의 날로 정한 2월 5일. 크고 작은 여러 원기둥을 하나의 끈으로 묶어 놓은 형상인 국가통합기념비는 두 부족 간의 화합을 염원하는 뜻에서 세워졌다.

현재 르완다 역시 집단학살을 기억하기 위해 두 개의 공휴일을 제정하고 있다. 4월 7일은 집단학살 추모일로, 이날부터 국가 추모 기간이 시작되어 7월 4일로 지정된 해방 기념일에 끝난다. 첫 일주일간은 공식적인 애도 기간이다. 르완다 대학살은 집단학살, 인권 범죄, 전쟁 범죄 등의 범죄자를 기소할 수 있는 법정인 국제형사재판소가 탄생하는 데 자극제가 되었다고 한다.

그러나 그렇게 수많은 가족과 친구, 이웃, 사랑하는 사람을 잃은, 학살과 내전에서 살아남은 사람들의 마음은 어떻게 해야 만져질 수 있을까? 이 나라들의 비극은 어디에서 시작되었을까? 누가 책임져야 할까?

희망이 된 그들의 길

가나·탄자니아·
남아프리카공화국

아프리카 국가들이 하나같이 암담한 상황인 것은 아니었다. 나이지리아, 가봉, 리비아 등 산유국은 막대한 석유 자원 덕분에 엄청난 부를 모았다. 물론 나이지리아는 그렇게 모은 부를 얼마나 빨리 탕진할 수 있는가를 보여주는 전형적인 사례가 되었지만.

아프리카 국가로는 보기 드물게 막대한 광물자원을 현명하게 사용한 나라는 보츠와나. 1966년 독립 당시 아프리카에서 가장 가난한 나라였던 보츠와나는 영국의 지원에 크게 의존했다. 독립 직후 풍부한 다이아몬드 광맥이 발견되면서 완전히 바뀌었다. 세레체 카마는 다른 지도자와 달리 국위 과시용 사업에 재정을 낭비하는 대신 의료와 교육 등 사회적 생산 기반에 투자했고, 막대한 재정을 비축했다. 기업을 성장시켰고, 부패 행위는 거의 볼 수 없었다. 국민소득이 괄목할 정도로 성장한 이유였다. 케냐, 말리, 스와질란드, 코트디부아르, 카메룬은 농업을 기반으로 다양한 산업을 발전시켜 경제가 착실히 자라고 있는 경우다.

아프리카 국가가 걸어온 길이 마냥 어둡지만은 않은 것은 경제성장이라는 면 때문만은 아니다. 많은 시도와 실패 속에서도 아프리카만의 독자적인 길을 찾고 해묵은 과거를 청산하며 화합을 향해 나아가려 애쓴 지도자와 국가, 국민이라는 존재 때문이다.

아프리카에서 최초로 대규모의 폭력적인 충돌 없이 협상을 통해 독립을 얻은 국가이면서, 신기하게도 한자 조개 패(貝)자의 기원이 되는 껍데기 별보배고둥 '세디'가 화폐단위로 쓰이는 가나. 다른 아프리카 국가에 비해 고결한 인격과 검소한 생활 태도를 지닌 신뢰받는 지도자를 가진 덕분에 수많은 해외 원조를 받으며 경제성장과 사회발전을 이룬 탄자니아. 그리고 아프리카뿐 아니라 세계가 나아가야 할 방향을 제시하는 듯 과거의 아픔을 치유하고 화해하는 법을 보인 남아프리카공화국. 영국 식민지였던 세 국가의 지폐 도안은 악몽에 허우적거리는 듯한 아프리카가 새롭게 꿈을 꿀 이유와 희망의 길을 찾을 까닭을 보여준다.

가나, 구세주의 동상을 쓰러뜨리다

1957년 영국이 지배하던 골드코스트를 시작으로 사하라 이남의 검은 아프리카에도 독립의 신호탄이 올랐다. 북부 아프리카에서는 1943년 리비아에서 이탈리아가 물러간 이래 이미 탈식민지화가 시작되었던 터였다.

서아프리카 해안은 유럽인들이 특히 눈독을 들였던 곳이다. 대서양을 가운데 두고 이루어진 삼각무역의 중심지가 되기에 적합

1천 세디 뒷면(카카오 수확), 1991년 발행

한 지역. 유럽인들이 코트디부아르 해안을 상아 해안으로 부르기도 할 만큼 이 지역은 눈독 들일 만한 자원이 많았다. 그러나 무엇보다 광분한 것은 노예무역으로, 나이지리아 해안은 노예해안이라는 이름을 가졌던 과거가 있다. 서아프리카 해안선을 따라 촘촘히 늘어선 요새들과 작게 나뉜 독립국 지도들은 노예 시대의 말 없는 증인이다. 19세기 초반 노예제도가 폐지될 때까지 약 1,500만 명의 아프리카인이 노예로 팔렸다고 한다.

영국인에게는 골드코스트가 특별한 곳이었다. 열대 아프리카 어느 지역과도 견줄 수 없을 만큼 자원과 인력이 풍부하기 때문이다. 황금 해안, 가나 해안이다. 40년 동안 세계적인 코코아 주산지였던 골드코스트는 거대하고 부유한 농촌 공동체가 형성되어 있었고, 아프리카 식민지 가운데 가장 선진적인 교육체계와 방대하고 숙련된 인력 자원을 보유했다. 겉으로 드러나는 인종, 종교 갈등 없이 비교적 동질성을 유지했고, 인구 절반이 아칸족 혈통으로 같은 종류의 언어를 썼다. 영국 관리들은 골드코스트를 대륙의 다른 보호령과는 다르다고 보고 그런 환경에 맞춰 통치했다.

가나의 독립을 이끈 정치 지도자들, 일명 'Big six'다. 왼쪽 상단부터 시계방향으로 콰메 은크루마, 엠마누엘 오베체비 램프타티, 윌리엄 오포리 아타, 에드워드 아푸코 아도, 에베네치 아코 아데이, 조셉 보아케 단콰.

1947년 통일 골드코스트 회의의 설립으로 골드코스트의 독립을 향한 여정이 본격적으로 시작되었다. 영국에 최대한 빠르게 자치정부를 승인하라는 강령을 채택하며 골드코스트 독립의 기폭제가 되었기 때문이다. 이를 주도한 조셉 단콰(1895~1965)는 영국인들 사이에서 존경받는 인물이었다. 그는 영국에서 박사학위를 취득하고, 영국 법학원인 이너 템플에서 변호사 자격을 인정받았다. 아칸족의 법률과 종교에 관한 책을 저술해 호평을 받기도 했다. 정치 선진화를 위해 골드코스트라는 식민지 이름 대신, 서아프리카에서 11세기 전성기를 맞이했던 제국 '가나'를 국명으로 제안했다.

단콰와 그의 동료들은 대중의 지지를 얻기 위해 전업 활동가를

50세디(가나 독립 6인의 영웅), 2012년 발행

고용하기로 결심한다. 그중 한 사람 콰메 은크루마(1909~1972)는 돈은 없는 대신 정치적인 야망이 컸다. 12년간 해외 학교를 옮겨 다니며 공부한 그는 미국에서 경제학, 사회학, 철학을 배웠다. 방학마다 생활비를 벌기 위해 비누공장에서 일하거나 배를 탔고, 할렘의 길거리에서는 생선 좌판을 벌이기도 했다.

그러나 좌익 성향과 정치적 열망은 결국 단콰와 충돌을 일으켰고, 골드코스트로 돌아온 지 18개월 만에 스스로 회의인민당을 창당한다. 화려한 말솜씨와 매력적인 미소가 사람들의 마음을 사로잡는데, '쇼보이'라는 별명까지 얻을 정도였다. 대중의 지지는 폭발적이었고, 파업과 선동 활동을 통해 세력은 점차 확장되었다. 결국 3년 징역형을 선고받고 체포되지만, 당은 무너지지 않았고 은크루마는 민중의 영웅이 되었다.

1951년 감옥에 갇힌 채로 총선에 출마한 은크루마는 압도적인 승리를 거둔다. 총독은 그의 정치적 영향력을 인정하고는 특별사면하면서 정부 구성을 요청했다. 하루 만에 죄수에서 총리로 올라선 셈이다. 은크루마는 끊임없이 변화와 권력 이양을 요구하며 완전한 자치 정부의 수립을 위한 헌법 개정을 끌어낸다. 1954년 아프리카인만으로 구성된 내각과 완전한 내정 자치를 규정한 새로운 헌법이 승인에 이른 과정이다. 천부적인 선전 능력은 여론과 언론을 지배했고, 그를 기리는 찬가와 기도문이 쏟아져 나왔다. 서민들이 구세주처럼 섬겨, 그의 집 앞에는 온갖 문제를 해결해달라는 사람들의 행렬이 끊이지 않았다. '아프리카의 별', '가나의 구세주'라는 찬사가 그를 둘러쌌다. 은크루마라는 가나 독립 영웅의 탄생이었다.

1957년 3월 6일, 이날은 아프리카의 신기원을 이루는 출발점이었다. 가나의 독립은 전 세계 사람들에게 경이롭고 경탄할 만한 일로 비쳤다. 폭력 없는 평화로운 독립이었다. 아이젠하워, 네루, 저우언라이에 이르기까지 전 세계 지도자들이 축하 메시지를 보냈고 56개국에서 축하 사절단이 도착했다. 가장 열정적인 방문객은 미국 부통령 리처드 닉슨이었다. 축하 행사는 6일 동안 이어졌고, 보트경주, 경마대회, 가든파티, 예배, 미스 가나 선발대회, 수많은 비공개 공연이 진행되었다.

1만 세디 뒷면(아크라의 독립문), 2002년 발행

가나를 따라 나이지리아, 시에라리온, 감비아 등 서아프리카 영국 보호령들이 독립으로 가는 자신들의 길을 만들기 시작했다.

가나는 아프리카에서 독립의 발걸음을 내디딘 나라 중 가장 빛나는 미래를 약속받은 곳이었다. 이 작은 국가에는 효율적인 행정, 공정한 사법 체계, 그리고 풍요로운 중산층이 살아 있었다. 은크루마는 마흔일곱이라는 젊은 나이에 국민의 존경을 받으며 국정을 이끌었다. 코코아, 금, 보크사이트 자원으로 세상에 알려졌고, 1950년대 코코아 호황은 나라에 막대한 외환을 쌓아 주었다.

"아프리카의 완전한 해방이 없다면, 우리의 독립은 아무 의미가 없다!"

은크루마는 독립의 날, 수많은 군중 앞에서 이렇게 선포하며 아프리카의 미래를 꿈꾸었다. 독립 이듬해, 아프리카 비폭력 혁명을 조직화하기 위해 아프리카 전역의 정당과 노동조합, 학생 조직을 통합한 이유였다.

시간이 지날수록 은크루마의 꿈은 지나치게 큰 야망이 되어 점차 그러나 확실히 나라를 위기로 몰고 갔다. '은크루마주의' 라는 이데올로기를 세우고 거대한 자금을 쏟아부은 결과, 결국 권력 강화에 몰두했기 때문이었다. 독립 후 2년 만에 헌법을 개정해 지방의회를 폐지했고,

2세디(콰메 은크루마), 2010년 발행

정치적 적수도 무자비하게 제거했다. 국가기구 대신 정실주의를 통해 권력을 공고히 했다. 공직 임명은 충성심과 개인 인맥에 따랐고, 고급 자동차와 화려한 주택을 자랑하는 신흥 엘리트들을 탄생시켰다. 그 화려함 뒤에는 국가의 경제 및 외교적 고립과 부패가 도사리고 있었다.

1961년 코코아 가격의 급락은 가나 경제에 치명타를 입혔다. 세금은 가혹해졌고 물가 역시 급등했다. 국민은 파업과 시위로 불만을 표출했다. 은크루마가 강압적인 수단으로 진압한 것은 당연했다. 두상이 동전과 지폐와 우표에 새겨지고, 동상이 의회 밖에 세

워지고, 생일이 국경일이 되고, 초상화가 사무실과 상점마다 걸렸음에도 경제적 파탄과 부패의 늪 속에서 고립된 가나의 구세주. 그의 실각을 불러온 치명타는 절망적인 경제 상황이나 심각한 부패, 정부의 실책이 아닌, 군대 장악 시도였다.

은크루마가 베트남전쟁 중재라는 허황된 꿈을 안고 하노이를 방문한 후 베이징에 머물고 있던 1966년 2월 24일, 군부가 쿠데타를 일으켰다. 지지자들이 등을 돌려 정권이 바뀌는 상황을 축하한 것은 순식간이었다. 의사당 밖에 있던 은크루마의 동상도 땅에 쓰러졌다. 맨발에 누더기를 입은 아이들이 쓰러진 동상 위에서 뛰어놀았고, 동상은 박살이 났다. 사람들은 "은크루마는 우리의 메시야가 아니다"라고 적힌 플래카드를 치켜들고 아크라 거리를 행진했다.

오만과 과도한 야망으로 파괴된 은크루마의 꿈. 가나는 그가 남긴 혼란 속에서 길을 잃었다. 세디 도안 속에 남은 모습은 찰나의 영광을 기억하기보다 그의 정치적 끝자락이 보내는 경고의 메시지인 듯하다.

탄자니아, 무왈리무의 운동

탄자니아는 1964년 두 나라가 합병해 탄생한 나라다. 영국 지배에서 1961년 먼저 독립한 탕가니카의 초대 총리는 영국령 탕가니카 장관이던 줄리어스 니에레레(1922~1999), 1963년 이슬람 국가로 독립한 잔지바르에서 이듬해 술탄을 물러나게 하고 대통령이 된 아베이드 카루메(1905~1972)와 협력해 현재의 탄자니아공화국을 만들었다.

서아프리카와 달리 탄자니아가 속한 동아프리카나 중앙아프리카의 영국 보호령들은 극소수의 숙련된 인력만 확보한 상태에서 독립을 위한 발걸음을 내디뎠다. 골드코스트는 1920년 말 당시

500실링(아베이드 카루메), 2010년 발행

법률가가 60여 명이나 있다고 자랑했지만, 탕가니카에서는 1957년 이전까지 지방 공직에 임명된 아프리카인이 단 한 사람도 없었던 상황이었다. 국민의 열광적인 지지를 받아 1962년 탕가니카 대통령으로 선출된 니에레레는 탄자니아 출범에 대통령으로 선출된다. 부통령이 된 카루메와 함께였다.

당시는 미국과 소련 간 냉전시대. 서유럽권과 소련 진영이 서로 지원하겠다고 나서곤 했다. 아프리카 정치인들은 두 진영을 싸움 붙여 자국의 이득을 챙기는 일에 진력이 났다. 특히 줄리어스 니에레레를 포함한 이상주의적 지도자들은 냉전의 성과 없는 다툼에 발을 담그지 않는 쪽을 선호했다. 물론 어떤 지도자들은 냉전을 이용해 최대한 이득을 얻어내고자 했지만. 자이르의 모부투처

럼 말이다.

가장 긴급한 과제를 '산업화'로 본 대부분 아프리카 정부는 아프리카 사회주의 비호 아래 들어가는 쪽을 택한다. 서구 자본주의자들에게 수십 년간 착취를 당해오지 않았던가. 사실 아프리카의 여러 사회는 토지의 공동소유, 평등주의 공동체 생활, 집단적인 의사결정, 사회적 책임의 광범위한 분담 체계 등 고유한 사회주의적 면모를 제법 지니고 있던 터다.

독립의 시대가 선사한 꿈과 기대감이 아프리카 전역에서 서서히 무너져가고 있을 때, 줄리어스 니에레레는 사회주의 실험을 통해 아프리카에 새 희망을 불러일으켰다. 다

1천 실링(줄리어스 니에레레), 2015년 발행

른 아프리카 지도자와는 다르게 인격을 갖추고 검소하게 생활하는 것으로 널리 알려졌고, '무왈리무', 스와힐리어로 '선생님'을 뜻하는 애정 어린 호칭으로 불리며 탄자니아인들의 존경을 받았다. 그의 정치적 이상은 전통적인 아프리카 사회주의를 토대로 한 자립적 발전이었다.

아프리카식 사회주의를 선언한 아루샤 선언을 기념하기 위해 세운, 스와힐리어로 자유와 독립을 의미하는 우후루 기념탑. 니에레레는 서구 자본주의에 대한 반발과 자국의 독립적인 성장을 꿈꾸며 1967년 대규모 국유화와 자급자족적인 사회주의 마을 건설을

10실링 뒷면(우후루 기념탑&킬리만자로산), 1978년 발행

선언했다. 이 계획은 '우자마' 라는 이름으로 알려졌는데, 흩어진 농촌 인구를 우자마 마을로 모아 농업생산력을 늘리려 했기 때문이다.

이주를 자유의사에 맡기고 적극적으로 권장했지만, 1968년 말까지 우자마 마을로 인정받은 마을은 겨우 180여 개에 불과했다. 유인책을 제공하다가 효과가 없자 1973~1977년 집단이주를 강행한다. 탄자니아 언론은 이제껏 살던 마을에서 쫓겨나 미개간지에 버려진 사람들이 직접 새로운 마을을 건설해야 하는 비참한 상황을 보도했다. 정착촌 건설 사업에서 비롯된 혼란은 재앙으로 발전했다. 식량 생산량의 파멸적인 감소, 국유화된 기간들의 방만한 관리와 인원 과잉, 부채 등. 결국 실패로 나아갔다.

니에레레의 신념은 변하지 않았는데, 다행히도 그의 인격은 국제사회에서 호평을 받으며 수많은 해외 원조를 끌어낼 수 있었다. 그 결과 탄자니아는 교육, 의료, 사회복지 분야에서 일정한 성과를 거둔다. 초등학교 취학률은 급증했고, 문맹률은 현저히 낮아졌으며, 평균수명도 늘어났다. 민족, 지역 통합이 이루어져 내전과 쿠데타가 없는 정치적으로 안정된, 아프리카에서 보기 드문 국민 국가가 되었다. 침팬지 연구로 유명한 제인 구달이 머물렀던 곳이 탄자니아다. 재혼한 남편은 이곳처럼 평화로운 아프리카 국가는 없다고 탄자니아로 귀화한 영국인이었다.

1980년대 중반 이후 소련의 영향력이 약화하자 아프리카의 정치 지형은 변화를 맞이했다. 니에레레도 일당제를 고집하던 자신의 신념을 수정할 수밖에 없었다. 1985년 자신의 정책이 실패했음을 공개적으로 시인하고 후계자인 알리 하산 음위니에게 대통령 자리를 물려준다. 23년 만에 권좌에서 물러난 니에레레. 아프리카에서 드물게 자발적인 권력 이양의 길을 걸은 셈이 되었다. 아프리카 정치 무대를 밟았던 150여 명의 국가 원수 중 자발적으로 권좌를 내놓은 사람은 여섯뿐이었으니 말이다. 비록 실패로 돌아간 운동이었을지라도 그 실패를 인정할 수 있을 만큼 깊었던 아프리카 독립과 자주성을 향한 열망. 그가 탄자니아 실링에 남긴 유산일 것이다.

남아공, 466/64호 죄수의 진실과 화해

남아프리카공화국은 유럽인이 아프리카인을 착취하는 가운데 스스로 국가의 주인이 된 나라다. 그 와중에 유럽인과 아프리카인의 충돌만이 아닌, 유럽인 사이의 대립 역시 격렬했다. 15세기 포르투갈이 아프리카 대륙 최남단 희망봉을 발견하며 유럽인의 진출을 예고했다.

희망봉을 향해 불던 거친 바람결 속에서 이룬 1652년 얀 반 리베이크(1619~1677)의 상륙은 남아프리카 땅에 유럽의 씨앗이 뿌려진 순간이었다. 200킬로미터 밖에서도 알아볼 수 있어 아프리카 남단을 항해하는 선원들에게 길잡이 역할을 한다는 테이블산. 그곳을 향해 나아가 네덜란드 동인도회사의 보급기지를 세우고자 했던 리베이크의 첫 발자국 이래, 시간이 흘러 자유 시민이 된 네덜란드인과 그 후예들은 점차 아프리카 내륙으로 삶의 터전을 넓혀갔다.

50랜드(바르톨로뮤 베르뮤덴), 1984년 발행

20랜드 뒷면(테이블산으로 향하는 3척의 범선), 1984년 발행

척박한 대지, 때로는 원주민과의 격렬한 충돌 속에서 자신들만의 언어인 아프리칸스어와 독립 정신을 키워나간, 네덜란드어로 농부를 뜻하는 보어인. 현재 남아프리카공화국 구성원 중 가장 초기 유럽 출신의 이민자들로 '아프리카너'라고도 불리는, 바로 그들이다. 얀 반 리베이크가 의도했든 아니든 그의 상

륙은 광활한 아프리카 대륙에 뿌리내린 아프리카너의 땅에 대한 애착과 고립, 그리고 훗날 이어질 갈등과 투쟁이라는 길고 복잡한 역사의 첫 페이지를 쓴 셈이었다.

하지만 오랫동안 얀 반 리베이크로 알려진 이 지폐 도안의 주인공은 사실 네덜란드인 바르톨로뮤 베르뮈덴(1616~1650)이라고 한다. 1961년 남아공이 공화국이 되면서 처음 발행된 랜드 지폐 시리즈에 이 인물의 초상이 들어가야 했다. 당시 얀 반 리베이크의 확실한 초상화가 없던 차에 케이프 식민지를 개척한 그의 이미지를 대표할 만한 네덜란드인의 초상화를 사용했는데, 이 초상이었던 것이다. 하지만 수십 년간 남아공 국민에게 얀 반 리베이크로 인식되었고, 지폐 디자인이 여러 번 바뀐 후에야 사실이 알려졌다는 전설 같은 이야기가 남아 있다.

1806년 영국 깃발이 케이프타운의 테이블산의 그림자 아래 펄럭이면서, 이미 이곳에 뿌리내린 보어인과 새로운 제국 사이에 불꽃 튀는 긴장이 시작되었다. 자유를 갈망하던 보어인들은 영국 통치를 피해 1830년대 중반 북쪽 미지의 땅으로 향하는 대장정에 오르는 것을 선택했다.

그러나 1867년 다이아몬드와 20여 년 뒤 황금의 발견은 이들의 평화를 뒤흔들어놓는다. 황금은 세계 전체 생산량 60퍼센트 정도가 요하네스버그를 중심으로, 세계 생산량의 20퍼센트를 차지하는 다이아몬드는 킴벌리에서 나올 터였다. 영국이 더욱 탐낸 까닭이다. 황금과 다이아몬드 광맥 위에서 보어공화국(트란스발, 오렌

5랜드 뒷면(다이아몬드 광산), 1978년 발행

지 자유국)의 독립과 영국의 팽창 야욕은 피할 수 없는 충돌을 향해 치달았고, 이는 결국 두 차례 전쟁으로 폭발하고 만다. 1880년부터 1년간 이어진 1차 보어전쟁은 보어인의 저력을 보여주었지만, 세기말의 비극이 된 1899~1902년 2차 보어전쟁은 초토화 전술과 강제수용소라는 깊은 상흔을 남기며 보어공화국의 종말을 고하게 했다. 1910년 영국 주도의 남아프리카연방 탄생으로 이어지는 길이 열린 것이다.

남아프리카공화국의 백인 정부는 그 지배를 영속화하기 위해 아파르트헤이트라는 체계적인 인종 분리 및 차별 정책을 1948년부터 도입했다. 백인 우월주의를 법적으로 보장하고 흑인 사회를 철저히 통제하려는 의도였다. 흑인들은 주거, 고용, 교육, 공공시설 이용 등 삶의 모든 영역에서 백인과 분리되었고, 수많은 규제를 통해 종속적인 지위에 묶였다. 이 정책 시행 과정에서 300만 명이 넘는 사람이 강제로 이주당했고, 관련 법규 위반을 이유로 수백만 명이 투옥되는 등 가혹한 현실에 놓였다.

이에 맞선 템부족 출신 법학생 넬슨 만델라(1918~2013). 아프리카민족회의의 중심인물로 활동하며 아파르트헤이트 반대 투쟁을 끌어낸다. 1952년 불복종 저항운동을 조직해 의도적으로 법을 위반하고 체포되어 사법 체계에 부담을 주려 했다. 아프리카민족회의의 영향력은 탄압에도 불구하고 점차 커져 갔다.

1960년 샤프빌 학살은 경찰이 비무장 시위대에 발포해 다수의 사상자를 낸 참극이었다. 아파르트헤이트 정권의 폭력성을 전 세계에 알린 셈이다. 국제적인 비난이 거세지는 가운데 만델라는 결국 체포되어 1964년 무기징역을 선고받는다. 로벤섬의 외로운 감옥에서 466/64호 죄수로 불리며 석회석 채굴 등 강제노역을 하면서도 그의 자유를 향한 의지는 꺾이지 않을 터였다.

만델라가 갇혀 있는 동안 백인 남아공은 경제적 번영의 요새를 구축했다. 1960년대 높은 경제성장률을 기록하며 백인 이민자들이 몰려들었고, 백인 사회는 풍요 속에서 점점 더 배타적이고 편협해졌다. 반면에 흑인들의 삶은 갈수록 피폐해졌다. 도시 거주

200랜드(넬슨 만델라), 2023년 발행

권리마저 축소되고, 기본적인 생활 기반 시설도 부족한, 황량한 '성냥갑' 마을에서 살아야 했다.

그러나 역사 속에 영원한 것은 없는 법이다. 1970년대 들어 억압받던 젊은 세대는 '흑인 의식 운동'으로 깨어나기 시작한다. 소웨토 항쟁은 아프리칸스어 교육 강요에 맞선 격렬한 외침이었다. 비록 스티브 비코 같은 젊은 지도자들은 스러져 갔지만, 학생들을 향한 총격은 국제사회의 비난을 촉발했다. 경제적인 압박과 숙련 노동력 부족이라는 현실적 문제 앞에 백인 사회 내부에서도 변화의 목소리가 나오기 시작했다. 일부 백인들은 경제적인 실리와 안정을 위해 인종 분리 정책의 완화가 필요하다고 인식했다.

감옥 안에 갇힌 만델라는 점차 국제적인 저항의 상징으로 부상했다. 1980년대 그의 석방을 요구하는 캠페인이 국내외적으로 확산하고, 남아프리카공화국 정부도 그를 외면할 수 없는 상황이었다. 마침내 만델라를 협상 파트너로 인정하고 비밀 협상을 진행했다. 1990년 2월 11일, 넬슨 만델라는 27년간의 수감 생활을 마치고 석방된다. 오랜 투옥 기간을 통해 성숙해졌음을 강조하며, 복수나 증오가 아닌 용서와 화합, 그리고 모든 인종이 평등한 민주주의국가 건설을 목표로 제시하면서. 그의 태도가 과거를 청산하고 새로운 미래로 나아가는 남아공이 되는 데 중요한 기반이 될 것임은 물론이다.

인종차별정책 철폐 이후 발행된 1992년 이후 랜드 시리즈는 앞면에 아프리카 지역을 상징하는 대형 포유류인 흰코뿔소, 코끼리,

50랜드(사자), 1992년 발행

사자, 물소, 표범이 도안되었다. 인종 간 문제를 일으킬 소지가 있는 인물 대신이었다.

1994년 4월 26일, 남아프리카공화국은 역사적인 새벽을 맞았다. 넬슨 만델라가 이난다의 투표소 계단을 오르던 그 순간은 단순히 한 표를 행사하는 것을 넘어, 억압과 분열의 시대를 마감하고 희망과 화해의 새 시대를 여는 상징적인 장면이었다. 선거의 의미는 피부색을 초월해서 모든 국민에게 깊이 각인되었다. 수백만 명이 몇 시간이고 끈기 있게 줄을 서서 행사한 투표권. 단순한 정치참여가 아닌, 오랫동안 박탈당했던 존엄성을 되찾는 행위였다. 투표 기간에 폭력은 잦아들었고, 흑인과 함께 줄을 선 백인들마저 아파르트헤이트의 저주가 풀리는 듯한 해방감을 느꼈다. 아파르트헤이트의 평화로운 폐지 자체가 그들에게도 기적과 같았기 때문이다.

아프리카민족회의의 압도적인 승리는 만델라 개인이 겪은 시련과 지도력에 대한 국민적인 보답이었다. 평등선거 실시 후 뽑힌 세계 최초 흑인 대통령 만델라. '마디바'라는 애칭이 상징하듯 늘 겸손하고 포용적인 태도로 흑백 모두에게 신뢰를 주었고, 불안정한 민주주의의 보증인으로 여겨졌다. 그의 정치는 취임사에서 약속한 '무지개 국가' 건설에 집약되어 있다. 흑백 모두가 두려움 없이 존엄을 누리는 사회, 그리고 무엇보다 화해를 최우선 가치로 두었다.

과거 청산을 위해 설립된 진실과화해위원회는 이 시기 빛과 그림자를 동시에 보여준다. 아파르트헤이트 정권 아래 고문과 암살이 정부 차원의 조직적인 범죄였음을 명백히 밝히고, 수많은 피해자와 가족들에게 발언 기회를 제공해 고통을 치유하도록 도왔다. 그러나 가해자들에게 진실 고백의 대가로 사면을 부여한 것은 깊은 논란을 남겼다. 수많은 백인은 불편한 과거를 외면하려 했고, 흑인 사회는 정의가 실현되지 못했다는 분노와 좌절감을 느껴야 했다. 가해자들이 처벌받기를 원했던 이들에게 사면은 진실의 쓰디쓴 대가였던 셈이다

만델라는 퇴임까지 관용과 화해의 분위기를 뿌리내리려 노력했지만, 후임 음베키는 지연된 꿈의 폭발을 우려하며 사회 변혁의 필요성을 강조하는 등 남아프리카공화국은 새로운 과제를 안은 뒤 미래를 향해 걷는 중이다. 그럼에도 만델라가 이끈 평화적인 전환과 화해의 노력은 랜드 도안 속에 중요한 등불로 남아 남아프리카공화국의 발길을 비출 것이다.

에필로그

오랜 시간이었다. 도착할 때까지 수없이 넘어졌고, 일어났고, 때로는 신이 나거나 울적하기도 했다. 기획부터 책으로 한 장 한 장 빚어질 때까지 시간은 어떻게 지나가는지 모르게 지나갔고, 그러면서 내 사고와 더불어 손끝이 무뎌지는 건가 했다. 이런 방대한 작업을 덜컥 허락해버린 욕심이 과했나 싶다가도, 쌓여가는 인물과 그들의 치열한 흔적, 역사에 대한 애정에 뒤돌아설 수도 없었다.

지폐 속의 인물을 알기 위해 그 국가의 역사 속으로 뛰어들 때마다 그곳과 사랑에 빠지곤 했다. 그들은 마치 기다리고 있었다는 듯 자신이 기리는 인물과 유산들을 통해 자신의 역사를, 가치를, 덕을, 공동체의 선을 수줍게 그러면서도 절대로 당당하게 내보였다. 실제 그 화폐 존재 자체가 자국의 구차함을 상징할 수밖에 없던 그런 정치, 경제적 상황 속에서조차 말이다.

그리스의 독립운동사가 그러했고, 이탈리아의 르네상스가, 파리의 벨 에포크와 통일 전 동독이 그러했다. 이집트의 고대 왕국과 튀니지의 카르타고, 알제리와 가나의 독립운동 역시 마찬가지였다. 네덜란드 황금시대의 색감과 북유럽 문화의 감촉, 한 폭의 회화 같은 프랑의 느낌, 심사숙고가 감지되던 마르크, 끝없이 이어지던 에스파냐 인물들과 이집트의 유산, 르와가소르와 은다다예를 한 프랑에 넣은 부룬디의 간절하다 못해 처절하기까지 한 희망, 탄자니아의 줄리어스 니에레레와 남아프리카공화국의 넬슨 만델라가 남긴 유산, 이제는 가고 아들 찰스 3세의 도안으로 대신 되는 영연방의 수장 엘리자베스 2세 등.

앞으로의 여정과 더불어 이 모든 것이 지구를 한 바퀴 도는 속에서 펼쳐지도록 한 것은 세계사 속에서 지폐 도안이 지니는 가치를 잊지 않았으면 하는 소박한 소망 때문이다. 하여 첫 장을 그리스에서부터 열었고, 로마로 넘어간 눈길은 중세와 근대, 현대의 유럽에 머물다가 그들과 떼려야 뗄 수 없는 아프리카를 향했다. 처절하게 독립에 성공한 뒤 대부분 독재자의 길로 빠지고 만 아프리카 지폐의 도안 인물들을 통해 인류의 요람에 새겨진 상처를 보았다. 이제는 결코 먼 나라여서는 안 되는 그들과 우리의 미래를 생각해보면서 말이다.

아쉬움이 없다면 거짓일 것이다. 유럽에서 러시아를 다루지 못한 것은 유감이다. 러시아는 유럽에서는 아시아로, 아시아에서는 유럽으로 보는 나라다. 그 대단한 땅덩이 때문일 텐데, 표트르 대제의 서구 정책 이후 유럽화되었다고 본다. 화폐단위는 루블이다. 사실 소련 시대에 발행한 거의 모든 루블의 지폐 도안에는 어딘가 블라디미르 레닌이 있다. 그만큼 소련에서 레닌이 차지하는 자리가 컸을 것이다. 이쯤에서 궁금한 것은, 그렇다면 사회주의나 공산주의 하면 빠질 수 없는 사상가 마르크스와 엥겔스는 도안으로 쓰인 적이 없을까? 당연히 있다. 통일 전 동독마르크 도안에서다. 한 자리씩 차지하고 있다가 지금은 그 정치체와 함께 사라진 처지다.

러시아가 발행 주체가 된 후로는 대표 인물이나 건축물로 채워졌다. 야로슬라프 1세 무드리, 표트르 1세, 니콜라이 무라비요프 아무르스키. 대부분 국왕, 영토를 확장한 정치가다. 이것을 보면서 생각했다. 러시아의 문학가 중 대가가 얼마나 많은가? 오죽하면 러시아에는 돈을 벌려면 문학을 하라는 말이 있다고 할까. 레프 톨스토이, 표도르 도스토옙스키, 알렉산드르 푸시킨, 이반 투르게네프, 안톤 체호프, 막심 고리키, 알렉산드르 솔제니친까지 정말 대단하지 않은가. 음악가들은 또 어떤가. 표트르 차이코프스키, 세르게이 라흐마니노프, 알렉산드르 보로딘 등등. 이런 문학가와 음악가들로 채워져 있다면 러시아인의 삶이 얼마나 더 비옥하고 따뜻하게 보일까 하는 아쉬움이 있다. 하지만 영토 확장한 영웅을 도안으로 삼는 것이 아직 그 나라의 단계인 듯해 그것도 수긍이 간다.

폴란드도 그렇다. 사실 폴란드 즈워티 지폐 도안도 흥미진진하다. 국왕들 시리즈와 마리 퀴리, 쇼팽, 코메니우스 같은 예술가와 사상가에서 공산주의자 사회주의자로 채워진 시리즈. 동구권과 서구권을 잇는 완충 지역 역할을 하는 특성이 보인다고 할까. 힘이 없을 때였던 18세기 말 주변 강국인 러시아, 오스트리아, 프로이센 3국에 의해 분할되어 123년간 국가가 없어졌다. 1918년 제국들이 무너지면서 영토를 반환받아 독립국가로 재수립되었지만 제2차 세계대전 때 독일에 점령되었다가 1944년 이후 소련의 점령과 공산당 정부의 통치를 받은, 파란만장한 역사의 폴란드. 그러다 1991년 바웬사가 대통령으로 선출되어 민주화운동을 이끌었으나 자본주의 체제로 이행하는 과정은 그다지 성공적이지 못한 것으로 평가된다. 그 엄청난 역사가 지폐 속의 도안으로 그려졌으나 상대적으로 낯선 인물이 많아 집중적으로 다루지 못했다.

세계에서 가장 아름다운 지폐로 손꼽히는 1994~2014년 발행 프랑 시리즈를 내놓은 스위스도 아쉽기는 마찬가지다. 네덜란드 출신 디자이너 레옹 스톡의 작품으로, 세로 디자인에 화려한 색상, 스위스 미술사가 야콥 크리스토퍼 부르크하르트와 로마 판테온 조각상, 르네상스 양식의 창문이 새겨진 1천 프랑. 감탄이 절로 나온다. 지폐에도 액면과 발행기관이 독일어, 라틴어, 프랑스어, 이탈리아어로 인쇄된 것이 특징이다. 스위스 문화 예술에 기여한 인물 중심이다 보니 스위스의 장대한 역사를 다루기가 곤란했다.

아프리카의 세네갈도, 하고 싶은 말은 많으나 서아프리카연합의 세파프랑 존이어서 그들만의 독특한 역사를 드러낼 수가 없어 빠진, 역시 아까운 나라다.

헤아릴 수 없는 각종 지폐 속의 인물들과 역사, 예술, 그것을 관통하는 각 국가의 고귀한 가치들 속에 파묻히도록 허락된 동안 행복한 시간이었다. 지폐를 비롯해 화폐가, 스마트한 사회로 향하는 쓰나미에 쓸려 실물을 영접할 수 있는 남은 시간이 점점 얇아져 가는 지금, 기나긴 고심과 방황 끝에 기록해 그들을 기억할 책을 남길 수 있어 진심으로, 말할 수 없이 기쁘다.

너무 오랜 기간 혼자 누려 죄송한 마음, 출판사 가족에게 오래 기다리게 해드려 죄송하다고 고백한다. 온-오프라인의 화폐 박물관과는 또 다른 역할로 많은 사람의 손끝에 자리잡아 오래오래 살아남기를 바란다. 그리하기에 귀한 시간 함께 해준 분들에게 다시 한번 고마운 마음을 전한다.

도서

강석영 · 최영수, 《스페인 · 포르투갈사》, 대한교과서주식회사, 2005.

그레그 켐벨, 김승욱 옮김, 《다이아몬드 잔혹사》, 작가정신, 2004.

김민주, 《50개의 키워드로 읽는 북유럽 이야기: 바이킹에서 이케아까지》, 미래의 창, 2014.

김복래, 《프랑스 역사 다이제스트 100》, 가람기획, 2020.

김상훈, 《통아프리카사》, 다산에듀, 2010.

김시영 · 김상언, 《화폐 속 역사 팝》, 좋은땅, 2012.

김언조, 《영국사 다이제스트 100》, 가람기획, 2021.

김종법, 《천의 얼굴을 가진 이탈리아》, 학민사, 2012.

김현수, 《이야기 영국사》, 청아, 2006.

남태우, 《이야기로 돌아보는 유럽 여행: 스페인》, 해성, 2019.

다케다 다쓰오, 조영렬 옮김, 《이야기 북유럽 역사》, 글항아리, 2022.

로스 클라크, 이정미 옮김, 《현금 없는 사회》, 시그마북스, 2019.

루츠 판 다이크, 안인희 옮김, 《처음 읽는 아프리카의 역사》, 웅진지식하우스, 2005.

마르크 블랑팽 · 장 폴 쿠슈, 송재영 옮김, 《프랑스 문화와 예술》, 중원문화, 1990.

마르틴 침머만, 김희상 · 황재희 옮김, 《청소년을 위한 지식사전》, 랜덤하우스중앙, 2006.

마오옌보, 홍민경 옮김, 《돈의 탄생》, 현대지성, 2021.

마이클 우드, 장석봉 · 이민아 옮김, 《태양의 제국, 잉카의 마지막 운명》, 랜덤하우스중앙, 2005.

마크 갈레오티, 이상원 옮김, 《짧고 굵게 있는 러시아 역사》, 미래의창, 2021.

마틴 래디, 박수철 옮김, 《합스부르크 세계를 지배하다》, 까치, 2022.

마틴 메러디스, 이순희 옮김, 《아프리카의 운명》, 휴머니스트, 2014.

메리 매콜리프, 최애리 옮김, 《벨 에포크, 아름다운 시대》, 현암사, 2020.

모지현, 《청년을 위한 세계사 강의》 1 · 2, 들녘, 2016.

모지현, 《꿈꾸는 사과》, 이다북스, 2021.

무적핑크 외, 《세계사톡 3: 근대, 새로운 만남의 시대》, 위즈덤하우스, 2019.

무적핑크 외, 《세계사톡 4: 근대의 질주》, 위즈덤하우스, 2020.

무적핑크 외, 《세계사톡 5: 현대 이야기》, 위즈덤하우스, 2020.

미야자키 마사카쓰, 송은애 옮김, 《돈의 흐름으로 보는 세계사》, 한국경제신문,

2019.

미야자키 마사카츠, 서수지 옮김, 《처음 읽는 돈의 세계사》, 탐나는책, 2021.

박구재, 《지폐, 꿈꾸는 자들의 초상》, 황소자리, 2006.

박승무 편저, 《서아프리카의 역사》, 아침, 2002.

베이징대륙교문화미디어 엮음, 한혜성 옮김, 《예술의 강 도나우》, 산수야, 2010.

벤 코츠, 임소연 옮김, 《시시콜콜 네덜란드 이야기》, 미래의 창, 2016.

벤자민 킨 · 키스 헤인즈, 김원중 · 이성훈 옮김, 《라틴아메리카의 역사》 상, 그린비, 2014.

변광수, 《북유럽사》, 대한교과서주식회사, 2006.

성제환, 《피렌체의 빛나는 순간》, 문학동네, 2013.

셰저칭, 김경숙 옮김, 《지폐의 세계사》, 마음서재, 2019.

손선홍, 《독일 역사 문화 산책》, 푸른길, 2020.

손주영 · 송경근, 《이집트 역사 다이제스트 100》, 가람기획, 2023.

송기도, 《콜럼버스에서 룰라까지》, 개마고원, 2003.

시오노 나나미, 김석희 옮김, 《르네상스를 만든 사람들》, 한길사, 2001.

안병억, 《하룻밤에 읽는 영국사》, 페이퍼로드, 2020.

안영집, 《그리스 산책》, 박영스토리, 2021.

알렉산더 융 편저, 송휘재 옮김, 《화폐 스캔들》, 한국경제신문, 2012.

알파고 시냐씨, 《누구를 기억할 것인가》, 헤이북스, 2016.

앙드레 모로아, 《영국사》, 기린원, 1993.

에밀리 S. 로젠버그 외, 조행복 · 이순호 옮김, 《하버드-C.H.베크 세계사 1870~1945》, 민음사, 2018.

오사코 히데키 편저, 박유미 옮김, 《50개의 키워드로 읽는 프렌즈 아프리카》, 미래의창, 2016.

오태현, 〈그리스 구제금융 승인과 남유럽 재정위기 전망〉, 《지역경제포커스》 vol.4, 대외경제정책연구원, 2010.

유성태, 《알기 쉬운 세계사와 기념주화》, 천풍, 2008.

윤선자, 《이야기 프랑스사》, 청아, 2006.

이강혁, 《라틴아메리카 역사 다이제스트 100》, 가람기획, 2008.

이강혁, 《스페인 역사 다이제스트 100》, 가람기획, 2024.

이강혁, 《처음 만나는 스페인 이야기 37》, 지식프레임, 2018.

이건영, 《런던의 시계탑은 멈추었는가》, 조선일보사, 1993.

이상록, 《로마 시티》, 책과함께, 2021.

이정욱, 《화폐 제국의 숨결》, 시대가치, 2019.

이정화, 《생각보다 가까운 아프리카》, 행성B, 2023.

이정화, 《있는 그대로 가나》, 초록비책공방, 2021.

이정희, 《동유럽사》, 대한교과서주식회사, 2005.

임종대 외, 《독일이야기 1》, 거름, 2000.

장 졸리, 이진홍 · 성일권 옮김, 《인류의 기원부터 현재까지》, 시대의창, 2014

제이컵 골드스타인, 장진영 옮김, 《돈의 탄생 돈의 현재 돈의 미래》, 비즈니스북스, 2021.

제임스 호즈, 박상진 옮김, 《세상에서 가장 짧은 독일사》, 진성북스, 2023.

조너선 윌리엄스 편저, 이인철 옮김, 《돈의 세계사》, 까치, 1998.

존 H. 엘리엇 편집, 김원중 외 옮김, 《히스패닉 세계》, 새물결, 2003.

존 리더, 남경태 옮김, 《아프리카 대륙의 일대기》, 휴머니스트, 2013.

존 아일리프, 이한규 · 강인황 옮김, 《아프리카의 역사》, 가지않은길, 2002.

존 파커 · 리처드 래스본, 송찬면 · 송용현 옮김, 《아프리카 역사》, 교유서가, 2022.

주경철, 《네덜란드》, 산처럼, 2003.

주디스 코핀 · 로버트 스테이시, 박상익 옮김, 《새로운 서양 문명의 역사》 상, 소나무, 2014.

주디스 코핀 · 로버트 스테이시, 손세호 옮김, 《새로운 서양 문명의 역사》 하, 소나무, 2014.

캐서린 이글턴 · 조너선 윌리엄스 외, 양영철 · 김수진 옮김, 《MONEY》, 말글빛냄, 2008.

크리스토퍼 듀건, 김정하 옮김, 《미완의 통일 이탈리아사》, 개마고원, 2001.

클라우스 뮐러, 김대웅 옮김, 《돈과 인간의 역사》, 이마고, 2004.

토니 그리피스, 차혁 옮김, 《스칸디나비아》, 미래의창, 2006.

폴 스트래던, 이종인 옮김, 《피렌체 사람들 이야기》, 책과함께, 2023.

필립 지강테스 지음, 강미경 옮김, 《권력과 탐욕의 역사》, 이마고, 2004.

하겐 슐체, 반성완 옮김, 《새로 쓴 독일 역사》, 지와사랑, 2000.

한국은행 화폐연구팀, 《세계 주요국의 화폐》, 한국은행, 2020.

한명훈, 《그림으로 보는 돈의 역사》, 지식의 숲, 2021.

한혜성, 《도나우》, 산수야, 2010.

J. M. 로버츠 · O. A. 베스타, 노경덕 외 옮김, 《세계사》 Ⅰ · Ⅱ, 까치, 2015.

사이트

세계 화폐박물관

위키피디아

한국은행 화폐박물관

한국조폐공사